The Complete
Conversations With God Ⅲ（Vol. 2）

與神對話Ⅲ 中

尼爾・唐納・沃許——著
孟祥森——譯

目錄
CONTENTS

上冊

中冊

6 人生就像電腦遊戲

如果可以，現在我想換換話題了，我們來談談地球的災變吧。不過，我想先說一下我的一察，我們的談話似乎有不少部分是說了不只一次的，我有時覺得同樣的話我聽過好幾遍了。

這很好啊！你沒錯！就如我原先說過的，這是照計畫進行的。

這份訊息就像彈簧，當它捲起來的時候，它盤繞在自己上面，一圈疊在一圈上，看起來就像「圍著圈子打轉」。只有在把彈簧鬆開的時候，你才能看出它是以螺旋形上升，遠超出你原先的想像。

對，沒錯。許多話都已說過好幾次，只是方式不同。有時甚至連方式也相同。你的觀察沒有錯。

當你讀完了這些訊息後，你應當可以逐字逐句的複述重點。可能有一天，你會希望那樣做。

好啊，這很公平。現在讓我們繼續前進吧！

有一夥人似乎認為我跟神有「無線」電話；他們想要知道我們的地球是否要毀滅了？我知道我曾問過這個問題，但現在我真的想得到直截了當的回答。地球真的像許多人所預言的，要發生災變了嗎？如果不是，那這些通靈者看到的又是什麼？捏造的假象？我們該禱告嗎？改變嗎？有沒有什麼我們可以做的，還是只能束手待斃？

我很高興談談這些問題，但是我們並非「前進」。

不是嗎？

不是。因為答案都早已給過你們了——在我原先解釋時間的時候。

你是指「凡是將要發生的事，都已經發生」？

對。

但那「已經發生的事」是什麼呢？它們怎麼發生的？又發生了什麼？

一切都已發生。

一切可能發生的事，都已經以事實存在，以完成的事件存在。

那怎麼可能？我到現在還是不明白，那怎麼可能？

我要用你們比較容易想像的方式來解釋，看是不是較有益。你看過孩子用光碟機玩電腦遊戲嗎？

看過。

你有沒有想過，電腦是如何回應孩子對搖捍的操縱。

嗯，我其實是一直很好奇的。

這全靠那光碟片。電腦之所以知道回應孩子的每一個動作，是因為每一個可能的操縱都已經被設計在光碟片上，適當的回應也設計在上面了。

什麼？你是說每一個結果，和每一個造成結果的動作，都已經設計好在光碟片上？這滿詭異的，簡直是超現實。

這沒有什麼好「詭異」，這是科技。而假如你認為電腦遊戲的科技很夠瞧，那你再瞧瞧宇宙科技吧！

試把宇宙之輪想像為光碟機。所有的結局都已存在。宇宙只是等著看你們這一次選擇什麼。而當遊戲結束，不管你是輸、是贏、是平手，宇宙都會問你：「要再玩一次嗎？」

電腦磁片不會在乎你是輸是贏，你無法「傷它的感情」，它只會提供你再玩的機會。所有的結局都已存在，而你會經驗哪一種結局，則是以你的選擇而定。

所以，神不過是一具光碟機？

我不會這樣說。真的不會。但在這整個的談話中，我一直試圖用每個人所能領會的比喻來說明。而我認為光碟機是一個很好的比喻。

生活在許多方面就像光碟機。所有的可能性都存在，並且已經發生。現在你得去選擇你要的經驗。

這跟你的地球災變問題直接有關。

許多通靈者所說關於地球災變的話是真的。他們打開了通向「未來」的一扇窗子，他們看到了未來。問題是，他們看到的是哪一種「未來」？就如光碟機上的結局，版本並不只一種。

版本之一，是地球大亂；另一種版本，並不一定是。

事實上，所有的版本都業已發生。記住，時間——

——我知道，我知道。「時間並不存在」——

——對呀。然後呢？

所以一切都同時發生。

對。一切曾經發生的，目前正在發生；而所有將要發生的，現在即已存在。正如電腦遊戲中所有的動態，現在都正存在光碟片中。所以，如果你認為通靈者所預言的世界末日好玩，你就集中你所有的注意力，你可以把它拉向你。而如果你想要經驗的是一個不同的實相，那你就將注意力集中在那上面，你就可以把那結果拉向你。

所以，你不會告訴我，地球災變到底會不會發生，是嗎？

我在等著你們告訴我。你們會自己決定它——以你們的所思、所言、所行。

千禧年的電腦問題又怎麼樣呢？有些人說，我們現在所謂的千禧蟲危機會讓我們的社會與經濟體系大亂。會嗎？

那你怎麼說呢？你怎麼選擇呢？你認為你與所有這些都一無關係嗎？我告訴你，這樣想是不正確的。

你可以告訴我們，會有什麼狀況出現嗎？

我不要預言你們的未來，這種事我不做。但我可以告訴你們——任何人都可以告訴你們：如果你們不小心，你們就會走到你們走向的地方。因此，如果你們不喜歡你們現在的走向，那就改變方向。

怎麼做？我怎麼能改變那麼巨大的後果？面對通靈人士或精神「權威」人士所有的這些災難預言，我們應當怎麼做？

走向內心，尋求內在的智慧，看看內在智慧呼喚你們怎麼做，就照著去做。如果這意謂要你寫信給工商業者及政治家，請他們對環境的維護採取行動，以免造成地球災變，就去做。如果這意謂聚集社區領袖共同克服西元兩千年難題，就去做。如果這意謂走你自己的路，每天發出正面的能量，使你周圍的人免於落入恐慌，不致因而招致問題產生，就去做。

最重要的是，不要害怕。不論發生什麼事，你們都不可能「死」，因此沒有什麼好怕的。要對那歷程的展開有所覺知，心中默默明白你們一切都不會有問題。

要跟「所有一切皆完美」之意保持接觸，要明白你會去必須去的地方，以便在創造你真正是誰的過程中選擇你需要的經驗。

這就是平安之路。在一切事物中，看出它的完美。

最後要注意的是，不要試圖「擺脫」任何東西。凡你抗拒的（resist），就會堅持（persist）。在第一部曲中我已告訴過你，那是真的。

凡是因「看到」未來或「聽到」他人所說的未來而憂傷的，都是因為未能「留在完美中」。

還有其他的忠告嗎？

歡慶！歡慶生命！歡慶本我！歡慶預言！歡慶神！

歡慶！要玩這個遊戲。

不論發生何事，都把喜悅帶到那時刻，因為喜悅就是你，你就是喜悅，永遠是。

神不可能創造任何不完美的東西。如果你認為神可能創造不完美的東西，你就是對神還一無所知。

所以，歡慶吧！歡慶那完美！只看到完美，只為完美而笑、而歡慶；別人所稱的不完美，將永遠不會以不完美的形態觸及你。

你是說，我可以避免掉地軸的轉位，或被隕石擊中，或被地震壓扁，或承受千禧年的混亂與歇斯底里的後果？

你可以確定不會受到任何這類事情的負面影響。

這不是我問你的意思。

但這卻是我的回答。無懼的面對未來，領會那歷程，並看出它整個的完美。平和、安詳與沉靜將會帶領你避免大部分所謂的「負面」經歷與後果。

如果關於這一切你都錯了，又怎麼辦？如果你根本不是「神」，而只是我豐富想像力的產品怎麼辦？

啊，又回到老問題了，呃？

好啊，那又怎麼樣？難道你還能想出更好的生活方式嗎？

我所說的只是，在面對所有這些全球大災難的悲慘預言時，你應該保持沉靜、平和、安詳，這樣你得到的結果將是最好的。

即使我不是神，而只是「你」，難道你還能得到比這更好的忠告嗎？

我想是不能。

所以，還是一樣，我是不是「神」並沒有什麼不同。

關於前面的忠告，正像這三部書中所有其他的訊息，你們所要做的，只是在生活中去實現它的智慧。不然，如果你們可以想出更好的辦法，那就照著去做。

注意，即使這些書中所說的話全都是出自尼爾．唐納．沃許，但你們從書中所涵蓋的這些議題上，也幾乎找不出比這更好的忠告了。所以，請這樣看待這件事：這套書或許是出自神的言談，也或許只是出自一個聰明傢伙尼爾的言談。

這又有什麼不同？

不同在於，如果我被說服，相信這些話是神說的，我就更能把它當真。

哦，別掰了！我已經用過上百種的方式，給你們帶來過上千次的訊息，你們卻大部分都當作耳邊風。

是啦！我猜我真的沒聽。

你猜？

哦。好吧，我沒聽。

所以，這一次別不聽了。你認為是誰把你帶來談這本書？是你自己吧！所以，如果你不肯聽神說話，那就聽你自己說話吧。

或聽我好心的通靈者說話。

或聽你好心的通靈者說話！

你現在是在逗我。不過這倒讓我想到另一個我想要討論的主題。

我知道。

你知道？

當然。你想討論通靈者。

你怎麼知道？

我是通靈者。

嘿，我打賭你是。你是所有的通靈者之母。你是首腦、台柱、最有影響力的人。你是老闊，是頂尖人物，是主席。

好小子，你……說……對了。

好，擊個掌吧！

酷，兄弟。你對了。

那麼我要知道的是，「通靈能力」是什麼？

你們每個人都有你所稱的「通靈能力」。實際上，它是第六感。而你們每個人對任何事都有「第六感」。

通靈能力只是從你們受限制的經驗中走出來，走入更廣闊的視野。退一步看看，是比你們自以為有限的個體所當感覺的去感覺更多；比你們自以為所當知道的知道更多；是去接觸你周圍更大實況的能力；是去感知不同能量的能力。

那該怎麼去發展這種能力？

「發展」是很好的用詞。這就像肌肉一樣，你們人人都有肌肉，可是有些人選擇去發展它，有些人則不，很少去用它。

要發展你的通靈「肌肉」，你就必須運用它。用它，每天用，時時用。

現在那肌肉是存在的，只是很小、很弱，未被加以利用。所以你偶爾會有點直覺，只是沒有依此行動。你對某些事會有「預感」，但卻忽視它。你會作了什麼夢，或有什麼「靈感」，可是你任由它過去，很少理會它。

感謝老天，幸好你對這套書的直覺沒被你忽略，不然你現在就不會在此談這一段話了。

你以為你在此談這些話是意外，是巧合？

所以，發展通靈「能力」的第一步，就是認知你有這能力，並且要用它。要注意你的每一個預感，每一個感覺，每一個直覺。要注意！

然後，依你的「所知」來行動。不要讓心智把它拖延到不了了之，不要讓恐懼把你拉開。

你越是無懼的依直覺而行，直覺越是為你服務。直覺一直都在那裡，只是現在你才留意到它。

但我說的並不是那種「總讓你找到停車位」之類的預感能力。我說的是那種真正的通靈能力。那種可以看到未來的能力。那種你知道用別的方法無法知道事情的能力。

這也正是我在說的呀！

那這種通靈能力是怎麼在作用的？我應該聽有這種能力的人的話嗎？如果一個有通靈能力

的人預言了某件事，我能改變它嗎？還是我的未來已經鐵定了？為什麼有些有通靈能力的人在你一走進屋子時，就能說出一些關於你的事？為什麼——

現在已有四個問題。讓我們放慢點，一次只談一個。

好吧。通靈能力如何運作？

通靈現象有三個章法，可以讓你了解通靈能力如何運作。讓我們來看看這三個章法：

1所有的意念（思想）都是能量。

2所有的東西都在動。

3所有的時間都是現在。

通靈者是那種把自己向這些現象所造成的經驗打開的人：這經驗就是振動。有時在心中形成圖象，有時則以語言或文字出現。

通靈者會對這些能量變得熟稔。一開始，這可能並不容易，因為這些能量非常輕微飄忽，非常細緻。就像夏夜的柔風，你以為它吹動了你的髮絲——但也可能沒有。就像遠處一點輕音，你以為你聽到了，但又無法確定。就像眼角餘光所看到的一點微火，你發誓看到了，但不能轉頭去看，因為一轉頭它已不見，你不由得要問：真的有嗎？

這是初通靈者常會問的問題，老練的通靈者從不這樣問。因為這樣問會把那答案揮開，問這樣的問題是訴諸於心智，而這是通靈者最不去做的。直覺不在心智裡。要做通靈者，你必須

「失」心。因為直覺所在之處是精神，是靈魂。

直覺是靈魂的耳朵。

靈魂是唯一夠敏感的器官，可以「撿起」生命最微渺的振動，可以「感受」這些能量，感覺場中的這些波，並解釋它們。

你們有六種感官，而不是五種。你們有嗅覺、味覺、觸覺、視覺、聽覺和……知覺（Knowing）。

以下就是「通靈能力」的運作方式。

每當你有意念，就發出能量，它就是能量。通靈者的靈魂撿起這能量，真正的通靈者不會停下腳步來解釋它，而可能脫口說出這能量是什麼樣子。這就是何以通靈者會告訴你你在想什麼。

你曾經有過的一切感覺，都留在你的靈魂中。你的靈魂是你一切感受的總集，它是貯藏所。即使已貯藏了多年，那真正打開了的通靈者仍能在此時此地「感受到」你的那些感覺。這是因為——一言以蔽之——

沒有時間這個東西——

這就是通靈者為什麼可以告訴你關於你的「過去」。

「明天」，也一樣並不存在。一切都發生在現在當下。一切發生的事都送出能量的波，在宇宙的照相版上印下洗刷不掉的影像。通靈者看到或感覺到「明天」的影像，就如它是現在發生的——其實正是。這就是為什麼有些通靈者會說出「未來」的事。

在生理上這又是怎麼進行的呢？通靈者也許並不真正知道自己在做什麼，他只是藉由強烈的集中，把他自己的一個次分子成分送出去。他的「意念」——如果你願意這樣說——離開了他的身體，咻咻咻的進入太空，跑得夠快夠遠，足以轉回來，從遠處「看」你現在還沒有經歷到的「現在」。

次分子的時光旅行！

你可以這麼說。

次分子的時光旅行！

好啦，好啦。我們要把這個變成雜耍表演了？

不，不。我不鬧了。真的……請說下去，我真的想聽。

好吧。通靈者的次分子成分由這種集中吸收了那影像的能量後，帶著那能量咻咻咻的又返回通靈者體內。由此那通靈者「得到了一個圖像」——有時他會打一個寒顫——或「感受到一個感覺」，他會盡可能的不去對這資料做任何「加工處理」，只是立刻描述它。通靈者知道不要去追問他在「想」什麼，或突然「看到」「感覺到」什麼，而只是任它盡可能原封未動的「通過」。

幾個星期以後，如果那「感受到」的或「見到」的事情真的發生了，這通靈者就會被人稱為天眼通——當然，也確實是如此！

如果是這樣，那有些「預言」為什麼是「錯」的呢？——就是，沒發生呢？

因為通靈者並不是「預言未來」，而只是對他在永恆此刻上觀察到的「可能的各種可能性」之一提供了一瞥之見。做選擇的永遠都是那通靈者。他很可以做別種選擇——跟預言不符的選擇。

永恆時刻包含所有「可能的各種可能性」。我已做過好幾次解釋，一切都以百萬種不同的方式發生過了。留給你們的，只是做某些覺知（perception）的選擇。

那只是一個覺知的問題。當你改變覺知，你就改變意念（思想），而你的意念則創造你的實相。凡是在任何處境下你所能料想的任何後果都業已存在。所有你必須去做的，只是去感受，去覺知。

這也就是「在你求以前，我即已答應」的意義。事實上，在你祈禱前，你所祈求的就已被答應了。

那我們又為什麼沒能得到所有我們祈求的呢？

這在第一部曲中都已說過了。你們並沒有總是得到你們所要求的，但總是得到你們所創造的。創造隨著意念而來；意念則隨覺知而來。

這真是驚人。雖然我們已經討論過了，還是覺得驚人！

不是本來就應該如此嗎？這就是為什麼要一說再說的緣故。一再諦聽，可以讓你的心圍著它轉。然後你就不覺「驚人」了。

如果一切都是現在發生，則在我的「當下」此刻，是什麼東西在指示我經歷何種部分呢？

你的選擇——你對你的選擇的信念。這信念由你對某一事情的想法所創造，而這些想法又是由你的覺知——也就是，「你怎麼看它」。

是以，通靈者看到你現在對「明天」所做的選擇，並看到這選擇的成真。但真正的通靈者永遠都會告訴你那並不是必然會如此。你可以「再選」，並改變結果。

這等於是說，我可以把我已經經歷過的事再改變！

完全正確！現在你懂了吧。現在你懂得如何生活在弔詭中了吧！

但是如果「已經發生了」，則是對「誰」發生了呢？如果我改變它，則誰是那經歷這改變的「我」呢？

沿著時間線移動的「你」不只一個。這一點在第二部曲中已有過詳細的討論。我建議你好好再去讀一讀。然後把這裡所講的，和那裡所講的結合起來，你就可以得到更佳的了解。

好吧，這很合理。但是我還要再談談這通靈的話題。不少人自稱通靈，我怎麼去分辨真假呢？

人人都是「通靈者」，所以，他們都是「真」的。你要小心的，只是他們的目的。他們是為了幫助你，還是為了斂財？

那些斂財的通靈者——所謂「職業通靈者」——往往會答應你們以他們的通靈能力做某事——比如「使已失去的戀人回心轉意」「帶給你財富與名望」，甚至幫你減肥等！

他們言之鑿鑿的說，這些事他們都做得到，只要你拿錢來！他們甚至可以「閱讀」某人的心——你老闆、你戀人、你朋友的——然後告訴你。他們會說：「拿他的某件東西來。圍巾、相片、筆跡……什麼都可以……」

然後他們就可以藉此告訴你那人的一些什麼。而且往往能說的還不少。因為每個人都會留下一些痕跡，一些「通靈指紋」，一些能量殘跡。真正敏感的人就會感覺到。

但真正的直覺者絕不會要去促使某個人回到你身邊，使某個人改變心意，或用他的通靈「能力」創造任何結果。真正的通靈者——就是把一生用來發展與應用這一秉賦的人——知道，別人的自由意志是絕不可以竄改的，別人的意念是絕不可以干擾的，別人的精神空間是絕不可以侵犯的。

我以為你說過沒有所謂的「對」或「錯」的。那現在哪來的那麼多「絕不」呢？

每次我說「總是」或「絕不」的時候，都是以你們想要完成什麼、想要做什麼為準。我知道你們都想要演化，在精神上成長，回歸於一。你們是在想體驗關於自己的最偉大意象之最恢宏版本。你們個人是如此，整個人類也是如此。

在我的世界中，沒有「對」，沒有「錯」，沒有「可做」，也沒有「不可做」——我已說過很多次——如果你們做了「壞」的選擇，也不會在地獄的永火中焚燒，因為「壞」不存在，「地獄」也不存在——除非你們認為它存在。

不過，在物理宇宙中，仍舊建構了自然律——其中之一就是因果律。

因果律中最為重要的一則是：

一切後果最後都要自己嘗受。

這是什麼意思？

就是不論你讓他人嘗受什麼經驗，有一天你也會自己嘗受。

你們的新時代社團成員對此事有更為生動的說法……

「怎麼去，怎麼來」（What goes around, comes around.）。

沒錯。另外有一些人則明白，這就是耶穌的律令：你想要別人怎麼對你，你就怎麼對別人。

耶穌在教導的就是因果律，這可以稱之為基本法。就像給寇克、皮卡德與金威（Kirk，Picard and Janeway，譯注：美國科幻劇《星艦爭霸戰》中的主角）的基本指令一樣。

嘿，原來神還是個《星艦爭霸戰》的迷呢！

你在開玩笑嗎？那些故事有一半是我寫的。

你最好不要讓吉尼（譯注：《星艦爭霸戰》原編劇）聽到你說這句話。

好啦……是吉尼要我這樣說的。

你跟吉尼也有接觸？

還有卡爾．沙根（Carl Sagan，譯注：美國天文學家、作家，研究地球生命起源等）、波布．韓林（Bob Heinlein）和整個那一大夥呢！

你知道，我們不應該這麼亂說的，這會讓這整部對談變得不可信。

我明白，跟神的談話必須是嚴肅的。

至少要可信。

吉尼、卡爾和波布都在我身邊，這不可信？我應當跟他們講才對。好吧，言歸正傳。你怎麼分辨真「假」通靈者？真通靈者知曉基本指令，並且身體力行。這就是當你請通靈者讓你的戀人回心轉意，或請通靈者解讀你帶來的手帕或信件的主人的「靈光」時，真正的通靈者會說：

「抱歉，我不能做。我絕不能干擾、涉入或窺視他人所走的路。」

「我絕不企圖以任何方式影響、指導或衝擊他人的選擇。」

「我絕不會告訴你任何人的私人資料。」

如果有人向你提供任何這一類的「服務」，這個人就是你所說的神棍，在利用你們人性的弱點來向你斂財！

那些幫助人確定所愛者在何處的通靈者，又怎麼說呢？比如，孩子被誘拐了，或青少年離家出走，雖然極想回家又自尊心太強不肯打電話回家。還有，比如為警方確定某一個人——不論死人還是活人——在何處。這些又怎麼說呢？

當然，這些事情的本身就為自己做了說明。通靈者一向要避免的，就是把自己的意志加於他人。你所說的這些，卻只是為了服務。

請通靈者跟死者接觸是對的嗎？我們應當試圖跟「早已死去的人」接觸嗎？

你們為什麼想要這樣做呢？

因為想要知道他們是否有話要告訴我們。

如果有人在「另一邊」有話想要告訴你們，他們會想辦法讓你們知道的，不用擔心。那「早已故去」的叔伯、姑嬸、兄弟、姊妹、父母、新娘或戀人，仍在繼續他們的旅程，體驗著完全的喜悅，走向完全的領會。

如果他們想要做的事情之一，是回到你們這裡——來看看你們，來讓你們知道他們一切都好，或任何什麼別的事——你放心吧，他們自有辦法去做的。

只要留心「徵兆」就是了。不要以為那純是你們的想像，是「一廂情願的想法」或巧合，而把它打發掉。要留心訊息，接收它。

我認識一位女士，在照顧她臨終的丈夫時求他：如果他不得不走，請他一定要回來，讓她知道他一切都好。他答應了，兩天以後去世。不到一個星期，有一晚，那位女士因感覺到有人坐在床邊而醒來。當她睜開眼睛，她發誓看到了她丈夫坐在床尾，在對她微笑。可是當她眨眨眼再看時，他卻已不見。後來她告訴我這個故事，卻說那一定是她的幻覺。

這種事很常見。你們接收到訊息——明顯而不可否認的訊息——可是你們卻忽視它們。或者把它們當作腦筋跟你們玩的把戲，而把它們打發掉。

現在，就這部書而言，你們也面臨著相同的選擇。

為什麼我們會這樣呢？為什麼我們要求某某東西——比如這三部書中的智慧——而當我們接收到的時候，又拒絕相信呢？

因為你們對神更華美的榮光抱著懷疑態度。就像多馬（Thomas，譯注：查《新約》〈約翰福音〉第二十章：耶穌復活後，有些人見到耶穌，但門徒之一的多馬並未見到，他說，他必須看到、摸到才能相信。）一樣，你們必須看到、感覺到、摸到，才肯相信。然而你們想要知道的，卻不能看到、感覺到或摸到，那是另一個領域。而你們還沒有向這領域打開；你們還沒有準備好。不過不用發愁，當學生準備好時，老師就會出現。

那麼，你是說——讓我們回到原來的問題上——我不應當去找通靈者或參加降神會來跟另一邊的人接觸？

我不是說你們應當或不應當做什麼事，我只是不確定你們的重點何在。

好吧，假設你有話要說給另一邊的人聽呢？而不是你想要聽他們說什麼？

你真的以為你能說而他們不能聽？對於你們所謂「另一邊」的人，你們任何對他們最輕微的思念，都會使他們的意識飛向你們。

你們對所謂「逝者」的任何意念，都會使他們的精氣（Essence）完全覺知。你們的溝通無需中介，愛就是溝通的最佳「中介」。

啊——但是，雙向溝通又怎麼樣呢？這樣的情況下，中介有幫助嗎？或說，雙向溝通究竟有沒有可能？或者全是空話？這種事危險嗎？

你現在所說的是與亡靈的溝通。是的，這種溝通是可能的。危險嗎？其實，如果你害怕，樣樣事情都是「危險」的。你所恐懼的，你就創造。然而實際上是沒有什麼好恐懼的。

所愛的人從來就與你們不遠，不會遠於一念之遙。只要你們需要他們，他們就永遠在準備給你們建議、安慰或忠告。如果你這邊因為想知道所愛者是否「無恙」而深為憂心，他們就會給你一個小小「訊息」，讓你們知道他們一切都好。

你們甚至不需要召喚他們：因為在這一世愛你們的人，一旦感覺到你們的靈光場（auric field）有些微的不安或困擾，他們立刻會被你們拉過來，吸引過來，飛向你們。

在他們習知了新的生存之種種可能性後，他們最先想要做的事，便是對所愛者提供幫助與安慰。如果你們真的向他們開放，你們就會感覺到他們的存在。

那麼，有人「發誓」說有一個死去的所愛者在屋子裡，就可能是真的囉？

再真也不過。你可能聞到所愛者的香水味，或他們所抽的雪茄味，或隱約聽到他們慣哼的歌曲。或者，完全意想不到的，他們的某件物品會突然出現。手帕、皮夾、袖釦或首飾，「毫無來由」的「出現」——被你在椅墊上或雜誌下「發現」，那就是了。正當你思念著某人或為他的死去而感到哀傷時，你就看到了他某一時刻的畫像或照片，這些事情並非「正巧發生」。這種東西並不是偶然「正好」在「那個時候」出現的，宇宙中沒有事情是巧合的。

這是非常常見的，非常常見。

現在，回到你原來的問題：為了與脫離肉體之後的人溝通，需要所謂的「靈媒」或「通路」嗎？不用。有時候有幫助嗎？有時候有。這仍要依通靈者或靈媒是什麼樣的人而定——依他們的動機而定。

如果有人拒絕用這種方式跟你合作——或拒絕任何「通路」或「居間」的事——非要你給他很高級的報酬不可，你就最好立刻「跑」開，而不只是走開。那人可能只是為了錢，這種人會「釣」住你，叫你好幾個星期、好幾個月，甚至好幾年一來再來，玩弄著你想跟「靈界」接觸的渴望。

如果那人純是為了幫助你——就如那想要跟你接觸的亡靈——則他什麼也不為自己求，唯一要的只是讓他能繼續這種工作。

如果通靈者或靈媒在答應幫助你時，是出於這個立場，則你應盡可能的回報他。不要占這種慷慨之心的便宜，能給多，就不要給少，或者不給。

要注意誰才是真正在服務世人的，真正想要與人分享智慧與知識的，分享洞察與領悟的，分享關懷與慈悲的。盡可能供養這些人，慷慷慨慨的供養。向他們致最高的敬意，給他們最多的供養，因為這些人就是荷光者。

7 我們都是一體

我們談論了不少東西！嘿，真的說了不少東西。我們可以再換個話題了嗎？你準備好可以繼續了嗎？

你呢？

我可以。我現在是欲罷不能。我終於是洶湧不已了。我現在想要把我這三年累積的問題一古腦兒問完。

我也沒問題。那麼上路吧！

酷。那我就要問另一件神秘的事。你可以談談轉世的事嗎？

當然可以。

許多宗教都說轉世是假教義，我們只有此世一生，一次機會。

我知道，但那並不正確。

在這麼重要的事情上，他們怎麼會錯得這麼嚴重？關於這麼基本的事情，他們怎麼會不知道真相？

你必須了解，人類的宗教有許多是建立在恐懼上的，這些宗教的教誨是以對神的崇拜和恐懼為中心。

你們整個地球上的社會，是由於恐懼而從母系社會轉向父系社會的。早期的教士是藉由恐懼而要教友「改邪歸正」「遵從主的話」。教會是藉由恐懼獲得教友，並控制教友。有一個教會甚至堅決認定：如果你不是每個星期天進教堂，神就會懲罰你。不進教堂就會被宣布有罪。

而且不是進任何教堂都可以。你必須進某一個特定教派的教堂。如果你進了不同教派的教堂，那也是罪。這純純粹粹是藉恐懼來控制。但令人吃驚的是，很有效！憑地獄（Hell，譯注：一般口語用法有罵髒話「他媽的」之意，此處是作者又在玩文字遊戲。）到現在仍然有效！

嘿！你是神。不可以罵髒話。

誰罵髒話了？我只是在陳述事實。「憑地獄——到現在仍然有效！」只要人類仍然相信神和人一樣——殘忍、自私、不饒恕，並復仇心重——那麼他就永遠會相信有地獄的存在，相信有一個會把他罰下地獄的神。

在過去，大部分人都無法想像神可以超乎這些之上。因此他們接受許多教會所持的教訓：「要懼怕主可怖的報復。」

看起來人類似乎是無法僅憑自己、僅憑天生的秉賦可以為善，可以行為得當。因此就必須創立一種宗教，傳播教誨，說有一個憤怒、報復心重的神，如此才能讓人守分。而「轉世」這個觀念，卻把這些宗教的教誨全盤打爛。

怎麼會這樣的？這個觀念怎麼會有那麼大的威力？

教會的宣稱是：你最好乖乖的，不然就……而這時卻出現了「轉世」論者，他們說：「你們這輩子之後還有下一次機會，下次機會以後，還有下下次機會。下下次機會以後還有更多更多的機會。所以，不必擔心，盡量做好就是了。不要因為害怕寸步難移而癱瘓。告訴自己，你可以做得更好，然後照著前進。」

早期的教會當然聽不下這種說法。因此它採取了兩個步驟：第一、宣布「轉世」之說為異端；第二、創立懺悔（告解）聖禮。懺悔可以讓進教堂的人得到轉世之說所應允的東西，即是給予另一次機會。

因此我們就設立了一種制度：神會因你的罪而懲罰你——除非你懺悔。只要懺悔，你就安全，因為神聽到了你的懺悔，會原諒你。

對的，但是這裡面有一個圈套，就是罪的赦免絕不能直接由神而來，而必須透過教會，由教士宣布「補贖」，然後懺悔者去實行。這通常包括了要祈禱。這樣，你就有兩個原因必須當教友了。

教會發現懺悔很叫座，於是不久就宣布不懺悔就是罪了。每個人一年至少必須懺悔一次，如果不這樣做，神就又有原因發怒了。

越來越多的規定——而其中許多是既武斷又反覆無常的——開始由教會頒布出來，而每一項規定都有神的永恆懲罰在背後撐腰——除非是你懺悔了，並因而取得了神的寬恕，就可避免受懲罰。

但有另一個問題出現了。民眾想，這表示只要他們肯懺悔，則什麼事都可以做了。因此教會又陷入困境，民眾失去了恐懼，教友和進教堂的人減少了。民眾每年來「懺悔」一次，唸了補贖，赦了罪，回去依然故我。

這不行，必須想個辦法讓人重新恐懼起來。

於是，就發明了煉獄。

煉獄？

煉獄。這個地方被形容為類似地獄，但不是永遠的。這項新的教義宣稱：即使你懺悔了，神還是要讓你為你的罪受苦。

這項教義宣稱，每個不完美的靈魂，依其所犯的罪之多寡和種類，而由神頒布受苦的分量。有不可饒恕的大罪（mortal sins）和可以用祈禱等補贖的小罪（venial sins）。大罪如果死前未做懺悔，則死後直下地獄。

進教堂的人又多起來了。奉獻多起來了，尤其是捐款——因為煉獄的教義中有一條是可以「買路脫苦」的。

什麼——？

依照教會的說法，你可以獲得特別的寬赦——當然也不是真正由神而來，而只能透過教會人士。這種特別的寬赦，可以使人免於受因有罪所「應得」的痛苦——至少是可以部分免受。

類似於「表現良好而假釋」？

是的。不過，當然，這種寬赦只能給為數甚少的人。通常是那些對教會捐獻鉅款的人。

那捐獻真正大筆鉅款的人可以得到大赦，這意謂完全不用留在煉獄，那是一張前往天國的直達車票。

這種來自神的特殊恩典當然限於更少的人，或許只限於貴族，還有超級富翁，為了換取這種大赦，所要捐獻的金錢、寶物與土地是極多的。但是大眾由於被排除在外，而產生了極大的挫折和憤怒——而教會也無法說服。

最窮的農人們無望得到主教的赦免——於是老百姓對這個體制又失去了信仰，會眾又要直線下降了。

那這次他們怎麼辦？

他們發明了「九日連禱」（novena candles）。

民眾可以到教堂來，為那「在煉獄中可憐的靈魂」點上一根九日連禱的蠟燭，唸九日連禱經文（譯注：一系列特別安排的禱文，要花相當的時間才能唸完）；這樣，就可以為那心愛的逝者敲掉幾年的「刑期」，將神要他們在煉獄中待的歲月減少一些。

民眾不能為自己做任何祈求，但至少他們可以為死去的人懇求垂憐。當然每點一根蠟燭，如果在奉獻箱的窄孔中投下一兩枚硬幣，就更有效。

在許許多多的紅玻璃後面，有許許多多的小蠟燭被點了起來，許許多多的匹索和便士被投入了許許多多的鐵皮罐中，為的是我們可以「減輕」那些身處煉獄的靈魂們的痛苦。

哇！這簡直是無法置信。你是說，民眾沒辦法看透這一切？民眾沒辦法看出這是走投無路的教會所想的走投無路的辦法，好維持教友到走投無路的教堂，而讓他們竭盡所能保護自己，免受那走投無路的神所懲罰？你認為民眾真吃這一套？

一點沒錯。

難怪教會要宣稱轉世是假的了。

沒錯。不過，當我創造你們的時候，我並不是要把你們創造得只能過一生——以宇宙的年齡而言，真是無限短暫的一瞬——讓你們在這一生犯不可避免的錯誤，而又希望在最後達到最好的階段。我曾設想過如此，可是想不出我這樣做的目的究竟為何。

你們也想像不出的。這就是你們為什麼老是說：「主用神秘的方式做事，他行奇事。」但是我並不以神秘的方式做事。凡是我所做的，一定有理由，而且是完全明白的。在這三部曲中，我已經一再向你們解釋我為什麼創造你們、你們的生命與生活。

轉世完全符合這種目的，這目的就是我創造和體驗我是誰——藉由你們生生世世，並藉由億萬種我置於宇宙裡的其他有意識的造物。

那麼，真的有生命在其他的……

當然有。難道你們真的以為在這巨大的宇宙中只有你們嗎？這是稍後我們會再談的話題。

你確定……

確定。所以，你身為靈魂的目的，就是體驗自己之為一切。我們在演化，我們在……成為（becoming）。

成為什麼？我們不知道！除非我們到了那裡，否則我們就不知道！但對我們而言，旅途便是喜悅。而當我們「到了那裡」，當我們創造了我們是誰的下一個最高理念，我們就將創造一個更恢宏的意念、更高的理念，永遠繼續喜悅。

你還跟得上嗎？

跟得上，現在我幾乎可以琅琅上口了。

很好。

所以……你生活的目的是在決定，並去做你真正是誰。

你天天都在這樣做。你以你的每一個舉動、每一個意念、每一句言詞在這樣做。這正是你正在做的。

你對現在的自己滿意到什麼程度，你就以什麼程度繼續你這方面的創造，只在這裡、那裡做一點小小的修改，以使它更接近完美。

尤伽南達（Paramahansa Yogananda）是一個例子，他幾乎接近「完美」的將他所認為的自己表露出來。對於他自己，他有非常清楚的觀念，對於他與我的關係也是如此。而他用他的一生來「表露」。他要以他自己的實際生活來體驗他關於自己的觀念；他要以實際經驗來認知自己對自己的想法。

貝比·魯斯（George Herman Ruth，譯注：美國棒球聯盟有名的全壘打王，綽號「貝比」〔Babe，嬰兒〕）的所行相同。他對自己有非常清楚的概念，對他與我的關係亦然，而他用他的一生來「表露」；以他自己的經驗來認識自己。

許多人都生活在這一層次。沒錯，大師與魯斯對於他們自己，各自觀念十分不同。然而他們兩個都各自表現得十分精采。

他們兩個對於我也有不同的觀念，這沒錯；對於我是誰，也來自不同的意識層次，對於他們與我的真正關係也一樣。而這不同的意識層次，則反映在他們的意念、言詞和行為上。

前者一生大部分時間處於平靜安寧，並將深深的平靜安寧帶給他人。後者則處於焦慮、騷亂和間歇的暴怒中（尤其是當他不能按照自己的意思行事時），並為周遭的人帶來騷亂。

但是兩人都心地善良——沒有一個人比魯斯更心軟的，而兩者的不同，在於前者幾乎沒有任何物資的獲取，除了已有的之外，也從不要求更多。而後者則「什麼都有」，卻從沒有得到過他真正想要的。

如果這就是魯斯的結局，我想我們免不了為此感到一些些悲哀，但那投身為貝比·魯斯的靈魂，在所謂的演化歷程中，絕非以此為終結。它有機會回顧它為自己所製造的經驗，為別人所製造的經驗。現在它正在決定下一步喜歡什麼樣的經驗，以便創造、再創造它更恢宏、更更恢宏的版本。

這兩個靈魂目前都已對它們下一次所要體驗的事做了選擇，並已在實際體驗了，所以我們現在就放下有關這兩個靈魂的敘述。

你是說他們兩個都已進入了其他的肉身？

如果認為重回其他的肉身是他們唯一的可能性，你就錯了。

那還有什麼其他的可能性？

事實上，他們想要什麼，就是什麼。

我已解釋過在你們所謂的死後會發生的事。

有些靈魂覺得有太多的事情是它們想要知道的，因此就去「上學」，而有些靈魂——就是你們所謂的「老靈魂」——則會教它們。教它們什麼呢？就是他們沒有東西可學。它們從來就沒有任何東西可學。它們所要做的只是記得。記得它們真正是誰，真正是什麼。

老師「教」他們：「他們是誰」的體驗是要由「做」來獲得，由「是」而體驗。老師們會溫柔的指示給他們看，以此來提醒他們。

其他靈魂則在到達「另一邊」（我現在是在運用你們熟悉的語言，用你們的方言，而盡可能不要礙事）時——或到達不久後——就已記得自己是誰。這些靈魂會立刻去經歷「想是什麼」就是什麼的喜悅。它們可以從我的百萬種、億萬種面向選擇它們想要的，並立時立地可以經驗。有些則可能選擇以重返肉身的方式這樣做。

任何肉身的形態嗎？

任何肉身的形態。

那麼，靈魂投身為動物就是真的可能了——神會變成乳牛？牛真的是神聖的？聖牛嗯！

（譯注：Holy cow是英國人喜用一種驚歎語。）

嗯哼。（清嗓子的聲音。）

怎麼了？

你說了一輩子的脫口秀了。其實回頭看看，這工作你還真做得不錯呢！

恰——砰！真是一針見血。如果現在有鐃鈸，我就用鐃鈸給你喝采。

多謝，多謝。

但是，說真的，小伙子……你問的那個問題——靈魂可能投胎為動物嗎？——答案當然是可能。不過，真正的重點在，它想嗎？答案是，很可能不想。

動物有靈魂嗎？

凡注視過動物眼睛的人，都知道這答案是什麼。

那我怎麼知道我的貓咪不是我祖母投胎的？

我們在這裡所討論的是演化歷程：自我創造與演化，而演化是單向的，向上，永遠向上。靈魂最大的渴望就是一再一再的體驗自身的更高層次，因此會在演化的階層上向上移動，而非向下，直至體驗到所謂的涅槃——跟一切——也就是我——的全然合一。

但如果靈魂渴望的是一再一再體驗自身的更高層次，那它何必又以人類的形態回來呢？顯然這不可能是「向上」的步子。

如果靈魂以人的形態回來，那總是由於要更進一步體驗，更進一步演化。人類本身就有許多演化層次，這是可以觀察與證明的。一個靈魂可以回來千百次，而仍繼續向上演化。然而這向上的運動，這靈魂最大的渴望，是不能由回到較低的生命層次而達成的。因此，這樣的回返是不會發生的。在靈魂和「一切萬有」達成最終的重新結合之前，這是不會發生的。

這必然意謂天天都有「新的靈魂」進入這體系中，投身為較低的生命形態。

不是。凡是被創造的靈魂，都是一次同時被創造的。此時此處我們全在這裡。但是，就如我曾解釋的，當一個靈魂（我的一部分）達到最終的實現，它就有機會「重新開始」，名副其實的「忘記一切」，以便可以把一切重新記起，把自己重新創造。神以此繼續重新體驗自己。

靈魂也可以選擇某一特定的生命形態在一特定層次「再循環」，想要多少次就多少次。

如果沒有轉世——如果沒有返回肉身形態的能力——則靈魂在僅有的一生中，將無法去完成想要完成的事；因為在宇宙的時鐘上，一生連一眨眼的十億分之一都不到。

所以沒錯，轉世是事實。那是真的；那是有目的的；那是完美的。

好得很。但有一件事我不清楚。你說過，沒有時間這樣東西；一切事情都發生在現在。是不是？

是。

而你在第二部曲中曾深入的探討過在時空連續體（the Space-Time Continuum）中，我們「所有的時間」都存在於不同的層次上，或不同的點上。

沒錯。

好吧——可是，這就是讓人想不通的地方：如果在時空連續體上的一個「我」「死掉了」，然後返回來變成另一個人……則……那麼，哪個是我？我必須同時是兩個人。而如果從無始以來，我就一直在這樣做——而這又是你說我確實在做的——則我就必須同時是一百個、一千個、一百萬個人。在時空連續體的一百萬個點上同時是一百萬個人的一百萬個版本。

沒錯。

這我無法領會。我的腦袋想不通。

事實上，你領會得不錯了。這是一個非常先進的概念，你對它的領會其實非常不錯了。

可是……可是……如果這是真的，則「我」——就是我不朽的那部分——就必然在永恆的現在，於宇宙之輪的億萬個不同的點上，以億萬個不同的形態、億萬種不同的方式在演化了。

沒錯。這正是我在做的。

不，不，我是說，這必然是「我」正在做的。

沒錯，這正是我剛剛說的。

不，不，我是說——

我知道你在說什麼。你說的就是我剛剛說的你說的。這裡唯一沒搞清楚的地方是你仍舊在認為我們不只一個。

只一個？

我們從來就沒有多於一個。從來就沒有過。你現在才發現嗎？

你是說，我現在是跟我自己在講話？

有點像。

你是說你不是神？

我沒這樣說。

你是說你是神？

這是我說的。

但是，如果你是神，而你是我，而我是你——那麼……那麼……我就是神！

沒錯，你是神。正是如此，你完全領會了。

但我不只是神——我還是每一個別人。

沒錯。

但是——這不是意謂除了我以外，沒有任何別人，沒有任何別的東西了？

我不是說過嗎——我與父是一體？

是說過，可是……

我不是說過嗎——我們都是一體？

沒錯。但是我不知道你是在照實講；我以為你是在比喻。我以為那不過是一種哲學的陳述，而不是事實陳述。

那是事實陳述。我們都是一體。「你們對這些人中最小的一個所做的任何事……就是對我所做。」意義就是如此。

現在你明白了嗎？

明白了。

啊，終於！我等很久了！

可是——請原諒我還是要說，可是……當我跟另一個人——比如，我的妻，我的兒——在一起時，我覺得我跟他們是有分別的；他們是「我」之外的另一個人。

意識是奇妙的，它可以分為千百份，分為百萬份，百萬乘以百萬份。

我將自己分為無盡「份」——以便每一「份」的我得以回顧自己，並看到我是誰，我是什麼的奇妙。

但是我又為什麼非得經歷這麼久的遺忘呢？經歷這麼久的不信呢？到現在我仍然不能全信！到現在我仍然在遺忘中遊蕩。

不要對自己這麼嚴苛，這是歷程的一部分，以這方式發生，並沒什麼不對。

那你又為什麼現在告訴我這一切？

因為你開始覺得不好玩了，你開始覺得人生不再喜悅了，你開始這麼糾纏在這歷程中，以致你忘了它只是歷程。

於是，你呼喚我。你求我到你身邊，幫助你領會，向你顯示神聖真理；向你揭示最大的秘密——那你把它推開的秘密，那你是誰的秘密。

現在我已做了。現在，我已讓你記得了。但這有用嗎？它會改變你明天的行為嗎？它會改變你今晚對事物的看法嗎？

現在你會治癒傷者的痛嗎？解除恐懼者的焦慮嗎？給貧困者所需嗎？為成功者歡慶嗎？處處看到我嗎？

這對真理實相的最新記憶會改變你的生活嗎？會使你改變別人的生活嗎？

還是你又會重歸遺忘？重回自私？重返你在這醒悟前你自以為自己是的小格局，留在那裡不肯出來？
你會是哪一種？

8 有時候真理就寓含在矛盾中

生命真的永遠永遠繼續嗎？

很確定是。

沒有完的時候？

沒有。

轉世是事實？

是事實。你可以在任何你想要的時候，以任何你想要的形態重返凡身——也就是，還會「死」去的肉身。

是我們在決定什麼時候回來嗎？

沒錯，「要不要」和「什麼時候」。

什麼時候離開，也是我們在決定？是我們決定自己什麼時候要死嗎？

沒有任何事情是違背著靈魂的意願而發生在它身上的。也就是說，那根本不可能；因為是靈魂在創造每一個經驗。

靈魂什麼都不缺。靈魂具有一切。一切智慧，一切知識，一切能力，一切榮耀。靈魂就是你那永不睡眠、永不遺忘的部分。

靈魂會想要肉體死亡嗎？不。靈魂想要你永遠不死。然而，當靈魂看出留在肉體中已無意義時，就立刻會離開——改變它的肉體形象，把物質體的大部分留下。

如果靈魂想要我們永遠不死，那為什麼我們會死？

你們不會，你們只是改變形象。

如果靈魂想要我們永不改變形象，為什麼我們還會那樣？

那並非靈魂的願望！

你是個「改變形象者」！

當留在某一特定形象中已經沒有用了，靈魂就改變形象——心甘情願的、歡歡喜喜的——繼續在宇宙之輪上移轉。

歡歡喜喜的？

帶著大歡喜。

沒有靈魂是死於悔恨的？

沒有靈魂會死——永遠沒有過。

我是說，當目前的肉體形象要變遷時，要「死」時，沒有靈魂會悔恨？

身體從沒有「死」過，只是隨著靈魂改變形象。但是我知道你的意思，所以我現在在用你們的詞彙。

如果你清楚了解在你們稱為的「來世」中你們想要創造的是什麼，如果你們清楚的相信死後跟神會重新合而為一，就沒有任何靈魂對你們所稱為的「死」曾感到悔恨。

在這種情況下，死是光輝的時刻；是奇妙的經驗。靈魂於是可以回到它的本然狀態，它的正常狀態，會有一種不可言喻的輕靈感，一種全然的自由感，沒有限制的感覺，既至福又莊嚴的一體感。

靈魂對這樣的變遷是不可能悔恨的。

那麼，你是說，死是一種快樂的經驗？

對於那想要它是快樂經驗的靈魂而言，沒錯，永遠是。

好吧，如果靈魂那麼想要脫離肉體，為什麼不脫離就算了呢？為什麼靈魂還纏繞不去？

我沒有說靈魂「想要脫離肉體」，我說靈魂在脫離肉體時是歡喜的。這是兩碼子事。你可以做一件事時高興，做另一件也高興。可是你做第二件時高興，並不意謂你做第一件時不高興。

靈魂與肉體同在時並非不快樂。正好相反，靈魂很喜歡以你現在的形象做你。但這不排除靈魂在跟肉體分離時不是同樣喜悅。

關於死，很顯然我有許多是不懂的。

沒錯，而這是因為你不喜歡去想關於死的事。然而，在你對生命的任何片刻做覺察的時候，若不對死亡有所沉思，則你將不能覺察生命的全部，只能覺察到一半。

每一刻都結束於它的開始之際。如果你不能明白這一點，你就不能明白它內涵的奧妙，你會稱它為平凡無奇。

每種相互作用都在它「開始開始」之際「開始結束」，只有在對此做過真正沉思及獲得真正領會後，每一時刻——以及整個生命——之寶藏才會向你敞開。

如果你不了解死，生命是不會將自己給你的。你不僅必須了解死，你還必須愛它，甚至像你愛生命一樣。

如果你把跟任何人相處都視為最後一次，則你跟他的相處都將有光輝。任何一刻如果你視為最後一刻，你對這一刻的體驗都將豐沛。你拒絕沉思自己的死亡，會導致你拒絕沉思自己的生命。

你沒有照死的樣子來看死。你錯失了那時刻，以及死為你所含藏的一切。你是錯看過了死，而不是看透了死。

當你深深的看，你是看透。當你深深沉思，你是看透。這樣，幻象就不再存在。那時你所看到的就是事物的真正樣子。只有這樣，你才能真的享受（enjoy）它——也就是，把喜悅置於它之內。（譯注：en-joy就是把joy〔喜悅〕放進去〔en-〕，也就是使某件事物變得令人喜悅。）這樣，即使是幻象，你都可以享受。因為那時你將知道那是幻象，而這本身又叫你覺得享受！你的一切痛苦都是因為你把它當作真的。

任何事物，當你了解它不是真的時，它就不致讓你痛苦。讓我再說一遍：

任何事物，當你了解它不是真的時，它就不致讓你痛苦。

就像是一部電影，一場戲，在你的心靈舞台上上演。際遇是你創造的，角色是你創造的。劇本是你寫的。

當你了解沒有東西是真的時，就沒有東西讓你痛苦。

生是如此，死也是如此。

當你了解了死也是幻象，則你就可以說：「哦，死啊，你的刺在何處？」

你甚至可以享受死！你甚至可以享受別人的死。

聽起來奇怪嗎？說這種話奇怪嗎？

只有在你不了解死——與生——時，才覺得奇怪。

死，從來就不是結束，卻永遠都是開始。死，是打開門，而不是關起來。

當你了解生命是永恆的，你就了解死是你的幻象，是為了讓你非常關切你的肉體，因而幫助你相信你是你的肉體。然而你不是你的肉體，因此，肉體的毀滅對你沒有關係。

死應該教你的是，生命才是真的；而生命應當教你的是，不可避免的不是死，而是無常（impermanence）。

無常，是唯一的真理。

沒有東西是恆常的。一切都在變動中，每一刻，每一分，每一秒。

如果有東西是恆常的，則它將不能存在（be）。因為即使是「恆常」這「概念」，也要依無常才能具有意義。因此，就連恆常也是無常，要深深的看入這一點，沉思這一真理，領會它，你就能領會神。

這是法，這是佛，這是佛法；這是教誨，是老師；這是課程，是師父；這是對象，是觀察者，捲起合而為一了。

它們從來就不異於一。是你們把它們展開了，以便生活可以在你們面前展開。

然而，當你們看到自己的生活在面前展開時，不要讓自己散開來。要讓自己凝聚！看出那幻象來！享受它！但不要變成它！

你不是那幻象，而是它的創造者。

你身在此世，但不屬此世。

所以，運用你對死亡的幻象吧！運用它！用它來做為你開向更多生命之鑰。

看花而認為花將死，你會悲哀的看花。然而如果你把花視為正在改變的樹的一部分，即將結果，你就會看到花真正的美。當你看花而知道花開花謝正是樹將結果的訊息，你就真正了解了生命。

細心的這樣看，你將看出生命本身就是它自己的隱喻。

要永遠記得，你不是花，甚至也不是果。你是樹，你的根很深，深深的扎在我裡面。我是你生長的土地，你的花、你的果，都將回歸於我，創造更肥沃的土地。如此，生命產生生命，生生不息，而從不知有死亡的事。

這真是美，如此、如此的美，謝謝你。現在你可以跟我談談那困擾了我許久的事嗎？我想談的是自殺。對於結束自己的生命。為什麼會有這麼多禁忌？

是嗎，為什麼？

你是說，自殺沒什麼錯？

這問題我無法給你滿意的回答，因為這問題本身含有兩個虛假的概念；它是以兩個虛假的假定為基礎；它含有兩點謬誤。

第一個虛假的假定是它認為有「對」與「錯」這麼一回事。第二個虛假的假定是認為「殺死」是可能的。因此，當你的問題一旦被分解，它就瓦解了。

「對」與「錯」是人類價值體系中的哲學對立點，在最終的實相中，它們卻是不存在的——這一點，在這套對話中已經一說再說。更且，就是在你們自己的體系中，它們也不是恆常的，而總是時時在變動。

你們一直在做改變，一直對價值觀改變主意，以適合你們（這本就應該，因為你們是在演化中的生物），然而卻又在每一步改變中堅持認為你們沒有改變，堅持認為是未曾改變的價值構成你們社會的核心。因此你們就將你們的社會建立在一個弔詭上：你們一直在改變你們的價值體系，卻又一直宣稱你們重視的是……嗯，不變的價值。

這種弔詭所呈現出的問題，並不能以在沙灘上潑冷水想使它凝結成水泥來回答，而應歡慶沙灘的變動。當沙灘維持著你們城堡的形象時，歡慶它的美；但當潮水沖來，改變了它的形象時，也應同樣歡慶。

當沙灘變為一座新的山岳，讓你們可以攀爬在其頂上，建立新的城堡時，要為它歡慶。但要明白，這些山岳與城堡就是紀念變遷的紀念碑，而非紀念恆常的。為你們今天的樣子而歡呼雀躍，但不要譴責你們昨日的樣子，也不要妨礙你們明天將可能會變成的樣子。

要明白，「對」與「錯」是你想像的產品，而「好」與「不好」也僅僅表明你們最近的喜好與看法而已。

比如，以結束自己的生命而言，目前在你們星球上大部分的流行看法是「不好」。同樣，你們仍有許多人堅決認為幫那想結束生命的人結束生命是不當的。這兩種情況你們都說是會「違背法律」。你們之所以達成這種結論，應當是因為這樣做很快就會結束生命。如果要花更長的時間才結束生命，雖然結果相同，你們卻不認為是違法的。

比如，在你們社會中，如果有人舉槍自盡，他的家人就會領不到保險金。但如果他是用香菸自殺，就可以領到。

如果醫生幫助人自殺，就稱為殺人，而菸草公司這樣做，則稱為「生意」。

在你們看來，那似乎只是時間的問題。自我毀滅的「合法性」——也就是「對」與「錯」——似乎只跟它的快與慢有關，也只跟是誰在做有關。死得越快，似乎越「錯」。死得越慢，就越為「得當」。

有趣的是，這跟真正人道的社會所下的結論正好相反。不論你們給「人道」下的定義是什麼，都可以據此定義來說死得越快越好。然而你們的社會卻懲罰那些做人道之事的人，報償那些行瘋狂之事的人。

以為神要求無盡的痛苦，以為快速而人道的結束痛苦是「錯的」，這是瘋狂。

「懲罰人道，而報償瘋狂。」

這就是領會力十分局限的社會才可能持有的座右銘。因此你們以吸入致癌物來毒害自己的身體，以吃下經過化學處理的食物來毒害自己的身體，到最後終致將自己殺害；你們吸入持續污染的空氣來毒害自己的身體。你們在千萬個時刻以千百種方式毒害你們的身體，並明知這些東西對你們不好。但由於這些東西要用比較長的時間才能殺害你們，你們便這樣自殺，但卻無罪。

如果你們是用效用比較快的方式來自殺，你們就被認為是違法。

現在，我告訴你們：快一點殺害自己並不比慢一點殺害自己更為不道德。

那麼，一個結束自己生命的人並不會被神懲罰？

我不懲罰，我愛。

常聽人說，那以自殺來「逃避」困境或結束困境的人，死後卻會發現正面對著同樣的困境，因此什麼也未能逃避或結束——這又怎麼說呢？

在進入你們所謂的死後時，你們所經歷的是當時意識之反映。不過，你們一向是意志自由的存在體，任何時候只要你們選擇改變你們的經歷，就可以改變。

所以我們所愛的人在結束自己的肉體生命後是很好的？

對。他們很好。

關於這個題材，安妮．波意爾（Anne Puryear）寫了一本書，名叫《史蒂芬仍活著》（*Stephen Lives*）。是關於她兒子的，後者在十幾歲的時候結束了自己的生命。這是一本好書，許多人可從中得到幫助。

安妮．波意爾是一個很好的使者，她的兒子也是。

那麼你推薦這本書？

這是一本重要的書。關於我們剛才所談的事，它談得比我們在此談得更多，而那些因所愛的人結束自己生命而深感傷痛的人，或為此事而夢寐難安的人，可以藉由這本書找到治癒的途徑。

讓我們這般傷痛或夢寐難安已經是令人哀傷了，可是我認為這大部分是社會「加諸」自殺的想法所造成的結果。

在你們的社會中，你們往往並沒看出自己道德結構的矛盾。有些事你們明明十分清楚會縮短你們的生命，但只因為過程比較慢，你們就認為可以做；至於那比較快縮短生命的，你們卻認為不可；這種矛盾無疑是人類經驗裡最為明顯的。

聽你這樣說，確實至為明顯。可是我們自己為什麼卻沒有看出真相來呢？

因為如果你們看出真相來，你們就必須採取措施，這是你們所不願意的。因此，你們除了視而不見以外，別無選擇。

但假設我們看到真相，又為什麼不願採取措施呢？

因為你們認為採取措施就會終止樂趣。而終止樂趣，卻是你們所不願的。

大部分使你們慢慢致死的事是帶給你們樂趣的事，或由此而導致樂趣的事。而大部分帶給你們樂趣的事是滿足你們肉體的事。你們的生活主要是以尋求和體驗肉體的樂趣而建構的。當然，一切處所、一切生物都想要體驗樂趣。這並無原始之處。事實上，那是生物的天性。社會與社會之所以不同，社會中生命與生命之所以不同，在於什麼是他們的樂趣。一個以肉體的樂趣為主而建構的社會，和以靈魂的樂趣為主而建構的社會，是在不同的層次運作的。

但必須了解，這並不表示你們的清教徒是對的，而肉體的一切樂趣都須被否定。它意謂著，在一個高度演化的社會，肉體的樂趣並非他們所享受的樂趣中為數最多的樂趣。肉體的樂趣不是主要的焦點。

一個社會或一個生命，越是高層的，其樂趣也就越是高層。

等一等！這聽起來好像是價值判斷。我以為你——神——是不做價值判斷的。

說埃弗勒斯峰（Mt. Everest，譯注：世界最高峰）比麥金利山（Mt. McKinley，譯注：北美洲最高山）高，是價值判斷嗎？

說張婆婆比她的姪兒年紀大，是價值判斷嗎？

這些是價值判斷還是觀察？

我並沒有說一個人的意識層次比較高是「比較好」的。事實上，並不比較好。正如小學四年級並不比一年級好。

我只是在觀察四年級是什麼樣子。

而我們在這地球上還不是四年級。我們是一年級。對嗎？

我的孩子，你們甚至連幼稚園都還沒上。你們是在托兒所。

這種話我聽來怎麼會不覺得受辱？為什麼我覺得你好像在貶低人類？

因為你們深為自負是某種生物，而實際上你們卻不是。僅僅是一項觀察，許多人聽了會覺得受辱，這是因為被觀察到的事物是他們不想承認的。然而，只有在你持有過一件東西後，你才能放它去。凡是你從未有過的東西，你便不能放棄你跟它的關係。

凡是你未曾接受的，你就不能改變。

正是。開悟始於接受，面對它「所是」（「What is」）的樣子，不做審判。這即是走入那「所是」（the Isness）中，在那所是中才能找到自由。

你所抗拒的，就會堅持。你所注視的，就會消失。也就是說，它失去了它的幻象。你看到它所是的樣子。而所是的樣子卻一直在改變。只有那不是（What Is Not），才不能被改變。因為，要改變那所是，就得走入其內。不要抗拒它。不要否認它。

凡你否認的，你就在宣布。凡你宣布的，你就在創造。

對某件事物做否認，就是將它再創造，因為否認的行為本身就把那事物放在位置上了。接受某件事物，使你得以控制它。凡你否認的，你就不能控制，因為你在說它不在那裡。因此，凡你否認的，就控制了你。

你們大部分人類都不想接受「你們還未演化到幼稚園的階段」。你們大部分人都不想接受「人類仍在托兒所階段」。然則這不接受，正是你們留在那裡的原因。

你們是那麼的自負，以為自己是你們所不是的（高度演化生物），以致你們就不能是自己所是的（在演化中的生物）。因此你們是在自己跟自己作對；自己跟自己作戰。因此，演化得非常慢。

演化的捷徑始於承認並接受自己所是的樣子，而非自己所不是的樣子。

當我聽說自己「所是」的樣子而不覺受辱，我就知道我接受我所是的樣子了。

正是。如果我說你的眼睛是藍的，你會覺得受辱嗎？

所以，我現在要告訴你：一個社會或生命越是提升，其樂趣就越提升。

你們所謂的「樂趣」，宣布了你們的演化層次。

請解釋一下「提升」（elevated）。你用這個字是指什麼？

你們的生命是具體而微的宇宙。你，和你整個的肉體，都是由「原能」（rawenergy，譯注：是未加工的，沒有「對水」的能量，也就是精純的能量。）構成。這能量圍著七個中心或脈輪（chakras）而聚集，要去研究這些脈輪及其意義，這方面的書不下千百本，這就是我以前所給與人類的智慧。

讓你們較低的脈輪感到樂趣或受到刺激的，和讓你們較高的脈輪感到樂趣的東西並不相同。

你們生命的能量越是藉由你們的肉體生命向上升，你們的意識就越向上提升。

好吧。又轉回來了，這似乎在提倡獨身，這似乎百分之百為反對性熱情在辯護。那些意識

「提升」了的人，在跟別人的交互作用中，並非「出自」他們的「根輪」——也就是他們的第一個、最低的一個脈輪。

沒錯。

但是我以為你在這整個對話中都在說：人類的性應該是被歡慶的，而非被壓抑的。

沒錯啊！

那麼，請解除我的迷惑吧；因為這似乎是矛盾的。

我的孩子，世界是充滿了矛盾的。「缺乏矛盾」並非真理的必要因素。有時候更大的真理正寓含在矛盾中。

這就是神聖二分法。

請幫助我了解這二分法。我這一輩子都在聽說，從根輪喚醒「拙火（kundalini）能量」是多麼了不得的事。這一直是那些神秘主義者過著無性的狂喜生活之主要原因。

我知道我們已經偏離了死亡話題；我很抱歉把話題拖到這不相關的主題上。

有什麼好抱歉的？話談到哪裡，就談到哪裡。在這整個對話中，我們的「話題」是：充充分分的做人是什麼意思；在這宇宙中，生命與生活又究竟是什麼樣子。這是唯一的話題，而現在這話題包括在這範圍內。

想要知道死就是想要知道生——這一點我已經說過，而如果我們的交談將我們的探索擴充至創造生命的行為，並歡慶它的華美，就讓它這樣吧！

現在，讓我們把一件事說清楚。「高度演化」並不需使所有的性表現都消聲匿跡，不需要把所有的性能量都提升。因為如果如此，則任何地方就都不再可能有「高度演化」的生物存在，因為一切演化都將終止。

這一點再顯然不過了。

對。因此，如果有人說，至聖的人絕不要性，說這是他們的神聖徵記，那這個人就是不了解生命是如何運作的。

讓我用最清楚的話來說明這一點。如果你們要找一根標尺來衡量某件事對人類是好是壞，只問自己一個問題就夠：

如果人人都這樣做，會怎樣？

這是一種非常容易的測量辦法，但非常準確。如果人人都做某一件事，而其結果對人類產生最終的益處，那就是「進化的」。如果人人都做某一件事，而帶給人類災難，則此事就不是應該推薦的、不是令人「提升」的事。你同意嗎？

當然。

那麼你就同意這樣的事實了：沒有任何真正的大師會說禁欲是通往精深之路（the path to mastery）。然而，卻是這種「禁欲是高等途徑」「性表現是低等欲望」的觀念羞辱了性經驗，造成了關於性的種種罪惡感，以及種種的性功能失調。

然而，假如只是為了生殖才反對禁欲，則一旦生殖的目的達成，不就沒有必要了嗎？

人從事性，並不是因為生殖的責任。人從事性，是因為它是自然會去做的事。那是構築在基因之內的。你們是在遵從生物的指令。

正是！正是基因訊號在驅使物種生存。但是物種的生存一旦得以確保，則「忽視那訊號」是否比較「提升」？

你誤解了那訊號。生物的指令不是要確保物種的生存，而是去體驗合一，而這才是你生命的真正本性。新的生命是在達成合一時被創造出來，但這卻不是人尋求合一的原因。

如果生殖是性的唯一理由，如果性只是一種「繁殖系統」，則你們就無需共同投身去做此事。你們已可由結合化學元素做到。

然則這不能滿足靈魂最基本的渴求——這渴求比生殖大得多，而跟再創造你真正是誰、是什麼有關。

生物的指令不是創造更多的生命，而是體驗更豐富的生命——去以生命真正的樣子去體驗它——即是將合一展現出來。

這就是何以在人即使停止生育以後，你仍從未要他們不再有性生活。

當然。

然而有人說，有了孩子以後就應當終止性生活，而那些繼續的，是在向低等的肉體需求沉淪。

是有人這樣說。

他們說這不是「提升」，而只是禽獸行為，是人類的高貴天性所不齒的。

這又回到脈輪的話題上了，也就是能量中心。

我說過，「你們的生命能量越是藉由肉體提升，你們的意識就越為提升」。

沒錯，這似乎是說「不要有性」。

不是。當你弄懂了以後，就知道不是。

讓我再回到你原先的說法，把事情說清楚：關於性，並沒有任何不高貴或不神聖之處。你們之所以認為它不高貴、不神聖，是出自你們的念頭，出自你們的文化。

在熱情的、充滿欲望的性經驗中，沒有任何低下，或粗鄙，或「不夠尊嚴」（更不用說不夠神聖了）的成分。肉體的渴望並非「禽獸行為」的表現。這些肉體渴望，是由我構築在身體之內的。

不然，你以為是誰把身體創造成這樣？

然而，在你們相互的複雜反應中，肉體的渴望卻只是其中的構成成分之一。要記得，你們是三合一的生命，有七個脈輪中心。當你們從所有的三個部分、七個中心共同產生反應的時候，你們就會體會到高峰經驗（peak experience）——而你們被創造出來，本就是為了體會這種經驗！

關於這些能量，本無任何不神聖（unholy）之處——然而你們卻只選擇其中之一，因此就不是全部（unwhole-y）了。

當你們不是「全部」（whole）時，你們就比你們自己要少。這才是「不神聖」（unholy）之意。

哦！我懂了，我懂了！

選擇「提升」的人務當禁欲——這種告誡絕非由我而來。那是邀請，而邀請不是告誡；然而你們卻把它變成了告誡。

那邀請並非要終止性，而是終止「不全部」。

不論你們做什麼——性行為、吃早飯、工作，或到海邊漫步、跳繩，或讀一本好書——不論你們做什麼，都要以整個人去做；因為你們是整個的人。

如果你們只從較低的脈輪去行性行為，則你們就是只由根輪在做，你們就會失去這經驗中最燦爛的部分。但是如果你在愛著另一個人，在行性行為時從全部七個能量中心發出，則你就會體驗到高峰經驗。這樣，怎麼可能會是不神聖的呢？

當然不可能，我無法想像這樣的經驗會是不神聖的。

因此，邀請你們將生命的能量藉由肉體生命提升到頂輪，絕不意味或要求你們與底部切斷。

如果你們把能量提升到心輪，或甚至提升到頂輪，這並不意謂能量不能也在根輪。事實上，如果不這樣，你們就切斷了。

當你們把生命能量提升到較高的中心時，你們可以選跟另一個人有性經驗或無性經驗。但假如無，則並不是有性經驗就是違背了宇宙的某種神聖法則。也並非無性經驗會使你們「提升」得更高。如果你們選擇跟他人有性經驗，則它也不會將你們「降低」到只在根輪層次——

除非你們把自己與頂部切斷。

所以，邀請是這樣的——不是告誡，而是邀請：

把你的能量，就是你的生命力，時時刻刻提升到最高可能的層面，這樣，你就會提升了。這跟有性經驗或無性經驗無關。這跟提升你的意識有關——不論你在做什麼，都要提升意識。

我懂了！我明白了！不過，我不知道要如何提升我的意識。我也不認為我知道如何透過我的脈輪中心將生命能量提升。我想大部分人說不定也不知道這些中心是什麼。

凡是渴望認知這種「精神生理學」的人，都可以很容易找到資料。我曾把這些資料用很清楚的言詞傳遞出來。

你是指由其他的作者寫的書。

沒錯。讀讀狄巴克．喬布拉（Deepak Chopra）的著作。他是你們星球上當今最明晰的闡釋者。他了解精神的神秘，了解精神的科學。

另外還有一些奇妙的使者。他們的著作不但描述了如何透過你們的身體把你們的生命力提升，而且也描述如何脫離你們的肉體。

閱讀這些書，你們可以回憶起讓身體離去可以是何等喜悅的事。那時你們便了解，何以可能從此不再懼怕死亡。你們將會明白這二分法：與身體同在，是喜悅；脫離身體，也是喜悅。

9 靈魂之歌可以多種方式演唱

人生有點像上學。我記得以前每年秋天的第一天開學日，我都多麼興奮——而年底學期結束時，我又多麼高興。

正是！完全對！你說中了。正是這樣。只不過，人生不是上學。

是啊，我記得你在第一部中全都做過解釋。在那以前，我一直以為人生是「上學」，我們來此世是為了「學習課程」。你在第一部中大大的幫助了我，讓我明白那種說法的錯誤。

我也很高興。我們在這三部曲中所想要做的就是這個——讓你們清楚明白。現在你們已經清楚明白了何以靈魂在「死」後可以很高興，而並不必然是懊悔曾經活過。

但你前面曾經問過一個更大一點的問題，現在我們再回頭來看看。

對不起。你指的是什麼？

你問：「如果靈魂在肉體裡這麼不快樂，那靈魂為什麼不乾脆離開？」

哦，對呀。

沒錯，靈魂離開了。我並不是說只有在「死」的時候靈魂才離開，但離開並不是因為不快樂，反而是為了想要恢復活力，為了回春。

靈魂常常這樣做嗎？

天天。

靈魂天天脫離肉體？什麼時候？

當靈魂渴望體會更大的經驗時，靈魂覺得那種經驗會讓它回春。

靈魂說離開就離開？

沒錯。靈魂時時離開你們的肉體，不斷的。終你們一生。這就是為什麼我們發明了睡眠。

靈魂在肉體睡眠時離開？

當然，這就是睡眠。

你們整個一生，靈魂時時都要回春、加油——假如你願意這樣說——以便在你們所謂的肉體這笨重的載具中繼續挪動下去。

你以為對靈魂而言，棲息在你的肉體中是件容易的事嗎？不！可能簡單，卻不容易！那是一種喜悅，卻並不容易。那是你們的靈魂所做過最困難的事！

那深曉你們所無法想像的輕盈與自由的靈魂，渴望著重新嘗味這種狀態，正如一個喜歡上學的孩子之渴望暑假。正如那渴望有伴的大人，在有伴之際渴望獨處。靈魂尋求真正的存在狀態，靈魂就是輕盈與自由，靈魂也是和平與喜悅，靈魂也是無限制與無痛楚；是完美的智慧與完美的愛。

這些靈魂全是；而且不只於此。然而當靈魂與身體共處的時候，極少體驗到這些。因此，靈魂跟自己訂下協議。靈魂對自己說，為了創造和體驗它現在所選擇的自己，需要靈魂留在身體裡多久就留多久，唯一的條件是：任何時候靈魂想要離開身體，就可離開！

藉著你們所稱的睡眠，靈魂天天都這樣做。

「睡眠」是靈魂離開身體？

是。

我還以為是由於身體需要休息才會入睡。

你錯了。正好相反，是靈魂想要休息，因此，才使身體「入睡」。當靈魂已經倦了，跟肉體在一起覺得受限制、沉重與缺乏自由時，靈魂就會名副其實的將肉體丟下不管（有時甚至是在肉體站著的時候）。

當靈魂想要「加油」的時候，當靈魂倦煩了所有這些非真之理、不實之相和想像出來的危險時；當靈魂想要為心智尋求再連接、再肯定、休息與覺醒時，靈魂就會離開肉體。

當靈魂初次擁抱肉體時，靈魂發現這個經驗很難以承受。那非常累，尤其是對一個新到達的靈魂而言，更是如此。嬰兒之所以需要睡那麼多覺，就是由於這個原因。

當靈魂度過了重新與肉體相處的初度震撼以後，就增加了對此事的容忍。靈魂與身體共處的時間多了。

同時，你們稱為「心」的這部分，則步入遺忘——正如它本來被設計成的樣子。即使靈魂飛離肉體——現已不那麼頻繁，但仍天天發生——也並不能總是把心帶回回憶。

真的，在這種時刻，靈魂固然自由，心卻可能混亂。因此，整個人就可能會問：「我是在哪裡？我在這裡創造什麼？」這種尋索可能會導致忽明忽滅的旅程，有時甚至是嚇人的。這種旅程，你們稱為「夢魘」。

有時則相反。靈魂會到達偉大的回憶之境。這時，心就會覺醒。這會讓它充滿和平與喜悅——當你重返肉體後，你會在體內感覺到這和平與喜悅。

你整個的生命越是體驗到這種回春，越是記得它藉由身體在做什麼，想要做什麼，你的靈魂選擇離開肉體的時間就越少；因為現在靈魂已經知道，它進入這個肉體是有原因的，有目的的。它渴望與肉體共處，將跟肉體共處的時光做最好的運用。

大智慧的人只需少量的睡眠。

你是在說，從一個人需要多少睡眠，你可以看出他的演化程度？

幾乎可以。你幾乎可以這麼說。不過，有時候靈魂之所以離開肉體，卻只是為了喜悅。它可能不是為了讓心覺醒或讓身體回春。它可能只是去再創造那因合一而來的狂喜。因此，並不能總是由睡眠多來判斷那人的演化較低。

不過，這樣的情況仍非巧合：當生命越來越覺察到它與肉體共處是為了什麼——並覺察到它並不是它的肉體，而只是與肉體共處——它就變得願意，並且能夠花越來越多的時間與肉體共處；因此，就顯得「需要的睡眠少」。

有些人甚至一邊與肉體共處，一邊又與靈魂合一，體驗因知曉自己真正是誰而來的喜悅，卻不失去自己身為人身的知覺。

他們是怎麼做到的？我可以怎麼做到？

我曾說過，那是個覺察的問題，是個達到完全覺察的問題。你無法去做到完全覺察，你只能是完全覺察。

怎麼是？怎麼是呢？你一定可以給我一些工具？

日行的靜心是創造這種經驗的最佳工具之一。以此，你可以將你的生命能量提升到最高脈輪……甚至在你仍然「醒」著時離開你的肉體。

在靜心中，你使自己處於一種就緒狀態，即使身體仍然醒著，你都可以體驗完全的覺察。這種就緒狀態稱為真正的覺察。你並不必非得靜坐觀想才成。靜心只是一種設置，如你說的，是一種「工具」。但為了體驗這個，你並不一定非得靜坐觀想不可。

你也應當知道，靜坐觀想只是靜心的方式之一。另外還有「暫停靜心」「行走靜心」「做事靜心」和「性行為靜心」。

這是真正覺醒（覺察）的狀態。

當你在這種狀態下停止，就單單只是在路上停止，停止在你正在走的路上，停止在你正在做的事情中，就只是停止一刻，就只「在」（be）你在的那個地方，就對了。正是在你所在的那個地方，正是你所是的那人。停下來，哪怕只是片刻，都可以是至福的。你環顧四周，緩緩的，注意到你原先走過而未曾注意到的東西：雨後泥土的氣息、你所愛的人左耳上覆蓋的捲髮、看到小孩在玩耍，這是多麼的美好啊！

你不需脫離肉體就可以體驗到這些，這是真正的覺醒狀態。

當你在這種狀態中行走，你會聞到每一種花的芬芳，你會跟每一隻鳥兒同飛，你會感覺到腳下所踩出的每一個嘎扎聲。你找到了美與智慧，而美處處在形成，由生命的一切材質在形成。你不需尋找，它會自動向你走來。

你不需脫離你的肉體就可體驗到這些，這是真正的覺醒狀態。

當你在這種狀態中「做」事，你會把所做的任何事都變為靜心，因而變為禮物，由你送給你的靈魂，由你的靈魂送給「一切萬有」。洗碗時，你會享受著溫水撫慰你手的感覺，因水而驚歎，因溫暖而驚歎。用電腦的時候，你會看到由於手指的指令而螢幕出現了反應，歡樂於心與身的能力，在你的指揮下配合得如此完美無缺。做飯的時候，你會因宇宙提供你這些營養而感到宇宙的愛，你則將整個生命的愛傾入這飯菜中，以為回報。這跟飯菜的繁簡無關，一碗清湯也可以因愛而變得美味。

你不需離開肉體才能體會這種經驗，這是真正的覺醒狀態。

當你以這種狀態體驗性能量的交換時，你就懂得你是誰的最高真理。你戀人的心成為你的家鄉。戀人的身體變成了你自己的身體，你的靈魂不再以為它跟任何東西是分離的。

你不需為體會這種經驗而離開你的身體。這是真正的覺醒狀態。

當你從容就緒，你就處於覺醒。一個微笑就可以把你帶到這個地方，只是一個微笑，只是把什麼都停下片刻來微笑，不是為任何東西微笑，只是覺得好，只是因為你的心知曉了一個秘密，也是因為你的靈魂知道這秘密是什麼。為此微笑，常常微笑，這會治癒你的一切病恙。

你要求我給你工具，現在我已經給你了。

呼吸，這是另一件工具。慢慢的呼吸，溫和的呼吸，吸入那溫柔的、甜美的「生命之空無」（nothingness of life）——它那麼充滿能量，那麼充滿愛。你呼吸的是神的愛，深深的呼吸，這樣你就可以感覺到愛。很深很深的呼吸，愛就能讓你哭。

因喜悅而哭。

因為你遇見了你的神，而你的神將你引介給你的靈魂。

一旦你有了這種體驗，人生將永不再一樣。有人會說這是升到了「山之巔」，有人會說是落入了莊嚴之喜。他們的生命（存在狀態）永遠改變了。

謝謝，我明白了。你所說的就是那些單純的事，單純的物，單純的行為。

沒錯。但你也要知道，有些人打坐經年，卻從沒有過這種經驗。這跟人「敞開」的程度與願望的程度有關，也跟他如何能夠遠離預期之心有關。

我應該天天靜心嗎？

像所有的事情一樣，這裡也沒有「應該」或「不應該」的問題。這裡的問題不是你應不應該做什麼，而是你選擇做什麼。

有些靈魂選擇走在覺醒中。有些靈魂承認大部分人的一生在夢遊，是沒有意識的，他們走過一生卻沒有意識。然而那走在覺醒中的靈魂，選擇的卻是不同的路。

走在覺醒中的靈魂想體驗一體感帶給它們的和平與喜悅、無限與自由、智慧與愛。它們不只是在把身體放下（入睡）時如此，而且起身時也如此。

創造這經驗的靈魂，我們就說它「復活」了。

以所謂「新時代」的用詞來說，則是「意識提升」。

但不論用詞如何（言詞是最不可靠的溝通方式），都是指活在覺醒中。這樣，就變得完全覺醒。

到最後，你們是對什麼變得完全覺醒呢？你們最後是完全覺醒到你是誰。

日日靜心是途徑之一。然而這需要投身於決心尋求內在經驗，而不是外在的報酬。

並且要記得，秘密是在沉默中，最甜蜜的聲音是沉默之音，這是靈魂之歌。

如果你信守的是世間的喧鬧之聲，而非你靈魂的靜默，你將迷失。

那麼，日日靜心確實是個好主意。

好主意？沒錯。不過對我剛剛說的話還要再加領會，靈魂之歌可以多種方式演唱，沉默的甜美之音可以在許多時間聽聞。

有些人在祈禱中聽見沉默，有些人在工作中唱靈魂之歌，有些人在靜思中尋求秘密，另有些人在不那麼沉靜的環境中尋求。

當一個人到達——或甚至只是間歇的體驗——精純的程度，則世間的喧鬧之聲才得以消退，即使身在其間，也不會受干擾。生活中的一切都變成了靜心。

生活中的一切都是靜心，你在其中靜觀神性。這稱之為真正的覺醒，或「用心」。

以這種方式來體驗，生活中的一切都是至福，不再有掙扎、痛苦與憂慮。唯有的是體驗，這又可以你想用的任何名稱來稱呼，你可以選擇稱這一切都是完美。

所以，將你的生命或生活及其中的一切事件都用作靜心。走在覺醒中，而不是如在睡眠中。一舉一動，心都隨之，而不是心不在焉。不要在懷疑與恐懼中逗留，也不要在罪過與自責中徘徊不去，而要確信自己是住在非常被愛的永恆光輝中，你永遠與我為一。你永遠受到歡迎，歡迎你回家。

因為你的家在我心中，而我的家在你心中，我邀請你在此生看出這一點，正如死後必然會看出的。這樣，你將知道沒有死亡，而你們所稱的生與死，都是同一個無盡經驗的一部分。

我們是一切萬有——現在、過去與將來的一切，直至永遠。

阿門。

10

我愛你，你知道嗎？

我愛你，你知道嗎？

知道。我也愛你。你知道嗎？

我開始知道，我真的開始知道了。

真好。

11 靈魂是身體的容器

可不可以請你告訴我一些關於靈魂的事？

當然可以。我將試著在你能領會的範圍內解釋給你聽。但如果你有些地方覺得「說不通」的，不要受挫。請記得，這些訊息是透過一個特殊的過濾器傳遞來的，而這個過濾器的設計，本來就是要你們不要記得太多東西。

請再告訴我，為什麼我要那樣做。

如果你樣樣都記得，遊戲就結束了。你到這裡來，有一個特別的理由；如果你了解了所有的東西是如何拼在一起的，你來此的神聖目的就會受挫。在你們現在的意識層次，有些東西是永遠神秘的，而且本當如是。

所以，不要試圖去解開所有的神秘。至少不要一次解開全部。給宇宙一個機會。它會以適當的程序展現自己。

享受那漸變的經驗。

戒急用忍。

正是。

我父親常常這樣說。

你父親是個聰明而奇妙的人。

這樣形容他的人並不多。

是懂得他的人不多。

我母親懂。

是的，她懂。

她愛他。

是的，她愛他。

而且她原諒他。

是的，她原諒他。

儘管他做過那麼多令人痛苦的事。

是的。她懂，她愛，她原諒；在這方面，她始終是一個奇妙的榜樣，一個受祝福的老師。

是的。那麼……你可以告訴我關於靈魂的事了？

可以。你想知道什麼？

讓我們從最初的、最明顯的問題開始；雖然這問題的答案我已經知道了，但它可以讓我們有一個起點。有「人的靈魂」這種東西嗎？

有。這是你生命的第三個層次。你是三部分的生命體，由身、心、靈組成。

我知道我的身體在哪裡；我可以看到。我想我也知道我的心在哪裡——在我身體的頭部。但我不確定——

等一等，你有點錯誤，你的心不在你的頭部。

不在？

不在。你的腦子是在你的腦殼裡，但你的心不在。

那麼，它在哪裡？

在你身體的每個細胞裡。

哇——。

你所稱為的心，其實是一種能量。它是……意念（思想）。而意念是能量，並非物體。你的腦子是一個物體。它是人的身體的一個物理的、生化的結構體——是最大、最複雜的，但不是唯一的這類結構體。你的身體以它來把你的意念能量轉化為物理脈衝（physical impulses，譯注：也譯為「肉體衝動」），你的腦子是個變頻器，你的整個身體都是。在你的每個細胞中都有個變頻器。生化學家常說每個細胞——比如，血液細胞——好像有它自己的智力。事實上，是真的有。

不僅細胞如此，身體裡比較大的部分也是。這個地球上的每個人都知道，身體的某個部分往往似乎有它自己的心眼……

沒錯，每個女人都知道，當男人任憑自己的身體部位影響他們的選擇和決定時，他們會變得多麼不可理喻。

有些女人就用這個來控制男人。

沒錯。有些男人也用女人的這個部位來控制女人。

沒錯。

想把這循環打斷嗎？

太想了！

這是我們原先說的：把生命的能量提升，使它將七個脈輪中心都包括在內。當你的選擇與決定不是出自你剛才提到的那個部位，而是出自更大的部分，女人就不可能控制你，而你也絕不會想要去控制女人。

女人之所以想要借助這種操縱與控制方法，是因為她們沒有其他辦法可想——至少沒那麼有效，而如果沒有辦法可以控制男人，男人就往往——嗯——變得不可控制。

然則，如果男人願意把更高的本性展現得多一些，如果女人願意訴諸男人更多的部位，則所謂的「兩性戰爭」將可息止。你們地球上大部分的其他戰爭，也可以息止。

就如稍早我說過的，這並不意謂男人與女人應該放棄性，也不意謂性是人類較低的天性。它意謂，如果只是性能量，既不提升到更高的脈輪，又不與其他能量結合，則產生的選擇與後果就不能反映整個人，這些選擇與後果往往就不夠莊嚴華美，因為你們整個人是由所有的能量和脈輪構成的。

整個你，本身就是莊嚴華美的。然則凡是比整個你更少的，其莊嚴華美也更少。因此，如果你想做出不那麼莊嚴華美的選擇，造成不那麼莊嚴華美的後果，則只從根輪做決定就可，然後看看會有什麼結果。

結果是完全可以預料的。

嗯——這個我想我是知道的。

你當然知道。但人類所面臨的最大問題，不是何時你知道，而是何時你依知道而行動。

所以，心是在每個細胞裡……

沒錯。由於你的腦部比任何其他的地方細胞都多，所以看來彷彿你的心就在那裡。然則那只是主要的加工中心，而非唯一的。

好，我清楚了。那麼，靈魂在哪裡？

你以為靈魂在哪裡？

在第三眼的後面？

不是。

在我胸部的中央，心臟的右側，胸骨的正下方？

不是。

好吧，我投降。

在所有的地方。

所有的地方？

所有的地方。

像心一樣。

哦，等等。**心並不在所有的地方。**

不在？我以為你剛剛說過它在身上的每個細胞裡。

那並不是「所有的地方」。細胞與細胞之間有空隙。事實上，你身體的百分之九十九是空間。

這就是靈魂的所在之處？

靈魂在你的內、外、周圍每個地方，靈魂是那將你容納的東西。

等等！現在稍等一等！我一直以為肉體是靈魂的容器，不是的話，那「你的身體是你生命的聖殿」這句話又怎麼說？

是形容詞而已。

只是想幫助人去了解他們不只是他們的身體；他們比身體更大。確實如此。靈魂比身體更大。它不是盛裝在身體裡，而是它把身體盛裝在它裡面。

我聽進去了，但是非常難以想像。

你有沒有聽說過「光暈」（aura）？

聽過，聽過。那是靈魂嗎？

以你們的用語和領會來說，這是最接近的了，可以讓你們對巨大而複雜的實相有一個概念。靈魂是把你聚集在一起的東西——正如神的靈魂是把宇宙容納在其中的東西，把宇宙聚集在一起的東西。

哇——這真是跟我一向以為的完全顛倒。

要有耐心，孩子。顛倒才剛開始呢？

但是，如果以某種意義來說，靈魂是「我們裡裡外外的空氣」，而每個人的靈魂又都是如此，則一個靈魂在何處結束，而另一個靈魂又在何處開始？

呃——哦，你別說，別告訴我……

你看！你已經知道答案了！

並沒有一個什麼地方是別人的靈魂「結束」，而我們的靈魂「開始」之處！正像沒有什麼地方是起居間的空氣「停止」，而餐廳的空氣「開始」之處。那統統是相同的空氣，統統是相同的靈魂！

你發現了宇宙的奧秘。

如果你是那盛裝宇宙的容器，而我們是盛裝我們身體的容器，則沒有一個地方是你「結束」，而我們「開始」之處！

嗯哼！（清喉嚨的聲音。）

你想怎麼清喉嚨就怎麼清吧，對我來說，這可是了不得的啟示！我是說，我雖然一向就知道它是如此——但是我現在明白了！

太棒了，是不是？

你知道，我以往的想法是，由於身體是一個界線分明的容器，所以「這個」身體和「那個」身體便截然有分；而由於我認為靈魂是在身體裡，所以我認為「這個」靈魂與「那個」靈魂也截然有分。

你這麼聯想是自然的。

但是，如果靈魂在身體的裡裡外外到處都是——就如你所說的，如身體的「光暈」——則何處是一個光暈的「結束」，而另一個光暈的「開始」處呢？現在，有生以來第一次，我可以看出，真的，以物理學的用語來說，一個靈魂並未「結束」，而另一個靈魂即已「開始」，我們全為一體的物理實相！

妙！我只能說，妙！

我以前總以為這是「後物理」的（metaphysical，譯注：形而上學的，玄學的）實相。現在，我明白它是物理實相了！聖靈啊，宗教變成了科學！

不要說我沒這樣告訴你。

但是，等等。如果沒有一個地方是一個靈魂結束，而另一個靈魂的開始處，則這是否意謂並沒有個體靈魂這麼個東西？

是，又不是。

這種回答真是再適合神不過了。

多謝。

不過，說真的，我還是希望更清楚一點。

讓我喘口氣，我們跑得太快了，你的手已經寫痛了吧！

你是指我寫得飛快。

沒錯。所以，讓我們歇口氣，大家也都輕鬆一下。我會向你們統統解釋清楚。

好了，繼續吧，我已準備好了。

你現在記得我曾多次向你提到的神聖二分法？

記得。

這就是其一，而且是最大的一個。

看得出來。

如果你想在我們的宇宙中自在度日，則對這神聖二分法做徹底領會是非常必要的。依神聖二分法，兩個顯然矛盾的真理（實相）可以開始存在於同一地方。你們地球上的人卻覺得這難以接受。他們喜歡一板一眼；任何不符合他們想像畫面的，一律排斥。因此，當兩個實相開始確立而又似乎互相矛盾時，你們立即假定其中一個一定是錯的、假的、不真的。要極為成熟的人才能看出和接受，事實上兩者都可能是真的。

然而，在絕對的界域——跟你們生活於其間的相對界域相對——則非常清楚，那唯一的真理（就是那「一切萬有」）有時會造成一種結果，若從相對的詞義來看，是矛盾的。

這稱為神聖二分法；在人的經驗中，是非常真實的部分。如我已經說過的，若不接受這個，幾乎無法自在度日。你會到處抱怨，憤憤不平，衝來衝去，到處找尋「正義」而不可得，或急切想要把對立的力量調和，卻永遠辦不到。因為那些力量本來就是不能調和的；因為正由於這些力量之間的張力，才能產生所要產生的結果。

事實上，相對界域就是由這張力才維持住的。舉一個例子來說，就是善與惡之間的張力。在終極實相裡，並沒有善與惡。在絕對界域，一切所有都是愛。然而在相對界域，你們卻創造了你們稱為「惡」的經驗，而你們這樣做，是很有理由的。你們想要體驗愛，而不僅「知道」愛是一切萬有，但如果除了這個沒有別的，則你們就無法體驗這個。因此，在你們的處境中，你們創造了善與惡的對立（而且日日在繼續創造），以便借用其一，你們可以體驗其二。

這裡，我們便有了一個神聖二分法——兩個似乎矛盾的真理同時存在於同一處。明確的說就是：

有善與惡這麼一種東西。

一切所有都是愛。

謝謝你為我解釋。這一點，你以前曾經說過，但仍舊謝謝你讓我更為了解神聖二分法。

不客氣。

好，如我已說過的，最大的神聖二分法就是現在我們所談的這個。只有一個存在，因此只有一個靈魂。而在這一個存在中，有許多靈魂。這二分法是這樣運作的：剛剛我們已經解釋過靈魂與靈魂間沒有分別。靈魂是在一切物質體之內及之外包著它的生命能量（就如光暈）。就某種意義來說，是它把一切物體「保持」在它的位置上的。「神的靈魂」保持住宇宙：人的靈魂保持住每個人的身體。

身體不是靈魂的「容器」或「居所」；靈魂卻是身體的容器。

正是。

靈魂與靈魂間沒有「分界線」——並沒有一處是「一個靈魂」開始，而「另一個靈魂」終止之處。所以，是一個靈魂保持著所有的身體。

對。

然而這一個靈魂卻「像似」一群個別的靈魂。

它確實是這樣——我也確實是這樣——設計本來就是要這樣。

你可以解釋它是如何運作的嗎？

可以。

雖然事實上靈魂與靈魂沒有分別，但那唯一的靈魂（之構成材料）卻確實是以不同的速度製造出不同程度的濃度，呈現為不同的物理實體。

不同的速度？速度什麼時候加進來的？

一切生命都是振動，你們所稱的生命（你們也可稱之為神）是純粹的能。這能一直在不斷的振動，它以波在動。波以不同的速度振動，產生不同程度的濃度，或光。後者又在物理世界產生你們稱為的不同的「效應」——事實上，產生不同的物體。然而，物體雖然各自不同而分離，產生它們的能，卻完全是一樣的。

讓我回頭來用你說的起居室和餐廳中的空氣來做說明。那是你突發奇想的一個好例子，一個靈感。

我知道是從哪裡來的。

沒錯，是我給的。你說過，沒有一個地方是「起居室的空氣」終止，而「餐廳的空氣」開始的之處。正是，然而卻真有這麼個地方是「起居間的空氣」變得不那麼濃之處，也就是說，它揮發了，變得「稀薄些」。「餐廳的空氣」也是一樣。你離餐廳越遠，越聞不到飯菜的味道！

可是整個屋子裡的空氣卻是同一個空氣。餐廳裡的空氣並不是「別的空氣」，而餐廳裡的空氣卻似乎像是「別的空氣」。不說別的，它聞起來就是不同！

所以，由於空氣帶有了不同的特色，它就似乎是不同的空氣了。但實際上它不是。那都是同一個空氣，只是似乎不同。在起居室，你聞到壁爐的味道；在餐廳，你聞到菜飯的味道。你甚至會走到某個房間，說：「哇，好悶。讓空氣進來吧！」就好像原來沒有空氣似的。然而，當然，那裡面都是空氣。你想要做的只是換換它的特色。

所以，你讓外面的空氣進來。然而，這仍是同一個空氣。進、出、圍繞一切的，都是同一個空氣。

酷。我完全懂了。我喜歡你這種解釋的方法，讓我能夠全懂。

嗯，謝啦。我盡力而為。讓我繼續吧！

請。

就像你房子裡的空氣，生命的能——你們可稱為「神的靈魂」——在圍繞不同物體時會呈現出不同的特色。事實上，它是以某種特定的方式凝聚，以形成這些物體。

當能量粒子結合在一起形成物質時，它們變得非常濃縮，擠在一起，堆在一起，它們開始「看來像是」，甚至「覺得像是」各自有分的單元。也就是說，它們開始彷彿與所有其他的能量「不同」，「有分別」了。然而它們卻都是同一個能量，只是行為有別。

就是這行為有別，使得那是一切者可以展現為那是眾多。

如我在第一部中所說的，那是（那存在）只有到了發展出這分別的能力，才能體驗它自己是什麼。因此，那是一切者就分離為那是此，那是彼。（我現在是盡量簡化來說。）

那在物體中凝聚為分別單元的「能量叢」，就是你們選擇稱它為「靈魂」的東西。我的許多部分變作了許多的你們——這就是我們這裡所談的。因此，有這樣的神聖二分法：

我們只有一個。

我們有許多個。

哇——太棒了。

我早就知道。現在要我繼續嗎？

不，停停吧。我疲累了。

好，請繼續吧！

很好。

如我說過的，那凝聚的能，變得非常濃縮。但越是遠離這濃縮點，能量就變得越稀薄。「空氣變稀了」，光暈淡退，能量卻永不可能完全消失，因為它做不到。它是構成一切的材料，它是那一切所是，然而它卻可以變得非常非常稀薄——幾乎「不在」了。

而在另一個地方（也就是它自己的另一個部分），它可以又凝聚，再度「叢聚」，形成你們所稱為的物質，並「看起來像」分別的單元。兩個單元可以顯得各自分離，而事實上卻根本沒有分離。

這是對整個物理宇宙以至為簡單的言詞所做的解釋。

哦。但這是真的嗎？我怎麼知道這不是我自己杜撰出來的？

你們的科學家早已發現，一切生命的建材都是相同的。

他們從月亮上取來岩石，發現跟樹木同一質材。他們從樹木上取下一部分，發現跟你們身體上的質材相同。

我告訴你：我們每一個都質材相同。

我們都是同一能量，以不同的方式凝聚、壓縮為不同的形象與不同的物質。

沒有任何東西是原本就是「物質」的。也就是說，沒有任何東西可以憑自己變為物質。耶穌說：「沒有父，我就什麼都不是。」一切東西的父就是純粹意念，就是生命的能，就是你們選擇稱為的絕對愛，就是神與女神，是阿爾法與歐米加，是始是終，它是一切的一切（All-in All），是不動的推動者，是本源。它是你們從時間之初就想要領會的，它是大神秘，是無盡之謎，永恆的真理。

我們只有一個，那就是你所是者。

12

每個人都各以各的方式是偉大的人

讀這些話使我心中充滿敬畏。感謝你以這種方式與我同在這裡。感謝你與我們所有的人同在這裡。因為讀過這對話的人已經好幾十萬，還會有好幾百萬將會讀到。你來到我們心中，讓我們有無以言宣的受惠感。

我至為親愛的人們——我一向就在你們心中。只是我很高興你們現在真的感覺到我在這裡。

我一向就與你們同在，我從未離開過你們。我是你們，而你們是我。我們從不會分離，因為那是不可能的。

然而有些日子我卻覺得孤單得可怕。有些時候，我覺得是在獨自打這場戰爭。

我的孩子，那是因為你離開了我。你放棄了你對我的覺察。然而，只要你覺察我，你就不可能孤單。

我如何才能保持著這種覺察呢？

把你的覺察帶給他人。不是由說教，而是由榜樣。成為所有他人生命中的愛——也就是我——的源頭。因為凡是你給予他人的，就是給予自己。因為我們只有一個。

謝謝你。是的，你曾經給過我這個線索——要成為源頭。你曾說過，你自己想要經驗什麼，就成為他人生活中的這種經驗的源頭。

是的。這就是那偉大的秘密。這就是那神聖的智慧。你想要別人怎麼對你，你就怎麼對別人。

在你們的星球上，一切關於喜悅與和平方面所產生的問題、衝突與困難，都是由於你們未能領會這個單純的教誨，並遵從它。

我明白了。你又再一次的說得這麼清楚，這麼明白，讓我得以領會。我將永不再讓它「失去」了。

凡是你給出去的，你就不可能「失去」。請永遠記住這點。

謝謝你。我可以再問幾個關於靈魂的問題嗎？

關於你過的生活，我還有一個意見想說。

請說。

你剛剛提到，有時候你覺得好像是獨自在打這場戰爭。

是的。

什麼戰爭？

這只是形容詞。

我不認為。我認為那真的表示了你（和許多人）對生活的真正想法。你腦子裡認為它是一場「戰爭」——是在進行某種鬥爭或掙扎。

好吧。有時候我真的是這樣覺得。

它並非天生就這個樣子的，它也從來不是非要這樣不可。

請原諒我。但我很難相信。

這就是為什麼那不能成為你的實相，因為凡你相信是真的，你就會使它成真。然而我告訴你：你的人生從來就沒有要成為鬥爭，而且也從不非這樣不行，現在如此，永遠如此。我已給了你工具，讓你可以創造最恢宏的實相，你卻選擇不用它們，或者說得更正確一些，你誤用了它們。

我說的是創造用的三種工具。關於這個，在我們的對話中我已說過不少。你知道它們是什麼嗎？

思（意念）、言、行。

很好。你記住了。我曾給米爾德麗德·辛克雷（Mildred Hinckley）——我派遣的精神老師之一——靈魂，讓她說出：「你天生在舌頭上就具有宇宙的創造能力。」

這是一句意涵深刻的話。我派遣的另一位老師也說過類似的真理：「由於你信了，就讓它在你的身上發生吧！」

這兩句話跟思與言有關。我的另一位老師則說到行：「始是神，終是行。行是神在創造，或是被體驗了的神。」

你說過這個——在第一部裡。

我的孩子，第一部是由你帶出來的，正如所有由我給與靈感的偉大教誨，都是由人帶出來的。那些任許這樣的靈感感動他們，並無所畏懼的公開分享的人，就是我所派遣的最偉大老師。

我不能確定我是否可以把自己放在這個類別裡。

你由靈感而說的話，已感動了數百萬人。

數百萬人啊，我的孩子。

這些話也已經被譯成了二十四種語文。它們已經傳布到整個地球。

你以什麼標準來認定偉大的老師呢？

以行為，而不是以言詞。

這是非常聰明的回答。

我這一生的行為都乏善可陳，而且確定不會讓我有資格成為老師。

你這是把歷來一半的教師都勾銷了。

你說什麼？

我說，我曾在《奇蹟課程》中透過海倫．舒曼這樣說：你教你必須學的。你以為在教如何可以達到完美之前，你必須先展現完美嗎？而當你已經分沾了一份你所謂的錯誤——

——超過我應有的份——

——你將與我的對話呈現出來也顯示了很大的勇氣。

或說很大的愚勇。

為什麼你總是堅持要貶抑自己？你們個個都是如此！每一個！你們否認自己的偉大，正如否認我在你們之內的存在。

我沒有！我從沒有否認這個。

是嗎？

嗯，最近沒有就是了……

我告訴你，在雞啼以前，你要三次否認我。（譯注：引用《聖經》中耶穌在被捕前對彼德所說的話。）

你每次把自己想得比真正的自己更渺小時，都是在否認我。

你每一句貶抑自己的話，都是對我的否認。

你每一個顯示自己「不夠好」、有缺欠、有所不足的行為，其實都是對我的否認。不僅是思，不僅是言，而且是行。

我真的——

除了你對你是誰所曾有過的最偉大意象之最恢宏的版本外，不要將你的生命表現為任何其他的東西。

那麼，你對自己所曾有過的最偉大意象是什麼呢？不是有一天你將成為偉大的老師嗎？

嗯……

是不是？

是。

那就讓它是，而它就是，除非你再度否認它。

我不會再否認了。

不會？

不會。

證明看看。

證明？

證明。

怎麼證明？

現在就說：「我是偉大的老師。」

呃……

照直說就是。

我是……你明白的，問題是，所有這些對話都是要出版的。我現在知道我在這紙上所寫的一切，之後都會在某個地方被印出來。在比奧里亞（Peoria，譯注：美國伊利諾州中部城市）的人也許都會讀到。

比奧里亞！哈，你何不說北京？

好吧，中國人也會。這就是我的難處。自從第二部出版的那個月後，許多人都在問我——問得我頭都大了——第三部什麼時候出來！我已經一再的說為什麼會拖那麼久了。我試圖讓他們了解，當全世界的人都眼睜睜的看著你在怎麼寫、都在等著你時是什麼滋味。這跟第一部和第二部完全不同，那兩部等於是在無人處寫的，我從來沒想過它們會變成書。

你想過。在你的內心深處，你想過。

好吧，或許我曾希望它們成書。可是現在我卻知道，這就使我寫在筆記簿上時也不一樣了。

因為現在你知道人人都會看到你寫的每個字。

對。現在你要我說，我是偉大的老師。當著所有人的面這樣說，是困難的。

你希望我要求你私下宣布？你認為這會強化你自己嗎？

我要求你當眾宣布你是誰，正因為你現在是當眾的。這整個的觀念就是要你當眾說出，當眾宣布是最高的呈現方式。

把你是誰的最高意象的最恢宏版本實踐出來，用公開宣布來做實踐的開始。

公開的宣布。

達成的第一步就是先說。

但謙虛又放在什麼位置呢？禮貌又放在什麼位置呢？見到每個人都跟他宣布我們對自己最偉大的意象，難道得體嗎？

每個大師都是這樣做的。

沒錯，卻不是傲慢的。

「我是生命與道路」這句話是何等傲慢？對你來說，這還不夠傲慢嗎？你說你再也不會否認我，可是這十分鐘你卻一直在想要這樣做。

我不是在否認你，我們在談的是我對自己最偉大的意象。

你對自己最偉大的意象就是我！那就是我！當你否認你最偉大的部分，你就是否認我。我告訴你，在天亮前你會三次否認我。

除非我不。

沒錯，除非你不。只有你可以做決定，只有你可以做選擇。

好，你聽說過任何偉大的老師是私下做偉大老師的嗎？佛陀、耶穌、克里希那——都不是公開的嗎？

沒錯，但也有並不出名的偉大老師，我母親就是。你先前說過，做偉大的老師並不必須聲名遠播。

你母親是先驅，是使者，是鋪路的人。她為你鋪路，為你指路。而你，也是老師。

你母親這位好老師，從沒有教你否認自己，這也是你要教別人的。

哦，我太想了！這就是我想要做的！

不要「想要」（want to）。你可能得不到你所「想要」的。（譯注：英文want有「缺少」之意）你只是宣布了你「缺」它，於是你就會留在那裡——留在「缺乏」的地方。

好吧！我不是「想要」，我是選擇！

這好多了。那你選擇什麼？

我選擇教他人永不否認自己。

好，你還選擇教什麼？

我選擇教他人永不否認你——神。因為否認你就是否認自己，否認自己就是否認你。

好得很。那你選擇時有時無的教一教，幾乎是「偶然的」？還是選擇盡心盡意的？

我選擇盡心盡意的教，像我母親。我母親教我絕不要否認自己，她天天這樣教我，她是我一生最大的鼓舞者，她教我相信自己，相信你。我理當做這樣一個老師。我選擇去教我母親教過我的一切智慧。她使她整個一生都成為教材，而不僅是她的言詞。偉大的老師之所以偉大，就在這裡。

你說得對，你母親是偉大的老師。你原先說的話也是對的。偉大的老師並不一定非要遠近馳名。

我剛才是在「試」你，我想看看你會往哪裡走。

我走向我「該走向的地方」了嗎？

你走向所有偉大的老師所去的地方，走向你自己的智慧，走向你自己的真理，這是你永遠得走向的地方。因為這是你在教世人的時候所須轉入、所須從出的地方。

我知道，這我是知道的。

而關於你是誰，你自己至深的真相又是什麼？

我是……

……偉大的老師。

永恆真理的偉大老師。

這就對了！安安靜靜的說，溫溫和和的說。這就對了。在你內心深處你知道，你只是把心裡的話說出來。

你不是在吹噓，沒有人會覺得你在吹噓。你沒有在自誇，沒有人會覺得你在自誇。你沒有拍胸；你是把心打開，這有很大的不同。

每個人在內心深處都知道自己是誰。或者是偉大的女芭蕾舞家，或偉大的律師、偉大的演員、偉大的一壘手、偉大的偵探、偉大的推銷員、偉大的父母、偉大的建築師、偉大的詩人、偉大的領袖、偉大的營造業者、偉大的治療者。每個人都各以各的方式是偉大的人。

人人在自己心中都知道自己是誰。如果他們把心打開，如果他們與他人分享內心的渴望，如果他們去實踐深心的真理，他們將使世界充滿莊嚴華美。

你是偉大的老師。你認為這秉賦從哪裡來？

你。

所以，當你宣布你是誰的時候，只不過在宣布我是誰。永遠都宣布我是源頭，就沒有人會在意你宣布自己偉大。

可是你又一向敦促我，要我宣布自己是源頭。

凡我所是的一切，你都是源頭。你這一生最熟悉的偉大老師就說：「我是生命與道路。」他還說：「來到我身上的一切，都是從父而來。沒有父，我什麼都不是。」他也說：「我和父是一個。」

你明瞭嗎？

我們只有一個。

正是。

這又把我們帶回到靈魂問題。我可以再問幾個關於靈魂的問題嗎？

說吧。

好。靈魂有多少？

一個。

以最大的意義說是一個。但這是一切的一，「個體化」成了多少呢？

嘿，我喜歡這個用詞。我喜歡你用這個詞的方式，那是「一切能量」的「唯一」能量將其本身個體化為許多部分，我喜歡這個。

我很高興。那麼，你創造了多少個體？一共有多少靈魂？

我無法用你可以了解的話來回答你。

讓我試試。是常數？是變數？是無窮數？從「原始那批」以後，你還創造了「新靈魂」嗎？

沒錯，是常數。沒錯，是變數。沒錯，是無窮數。沒錯，我創造了新的靈魂；沒有，我沒有創造新的。

我無法了解。

我知道。

所以，請幫助我。

你真的這樣說。

說什麼？

「所以幫助我，神哪」！（So help me, God.，譯注：是賭咒用語，意為「我敢斷言」「千真萬確」。）

真聰明。好吧，如果非得這樣我才能懂，我就說吧：所以幫助我，神哪！

我會的。你既然下定決心，我就會幫助你——不過，我警告你，從有限的角度來試圖了解無限，是十分困難的。但我仍然要做一番嘗試。

酷！

真的酷。好，讓我先提醒你一下，你的問題跟一個叫作「時間」的東西有關。但事實上，並沒有這樣一個東西。存在的只有一個時刻，那就是永恆的此刻。

凡是發生過的，都在現在發生，並永遠發生，在此刻發生。沒有什麼是「以前」發生的，因為沒有「以前」。沒有什麼是「以後」會發生的，因為沒有「以後」。永遠都只是現在。

在此現在，我不斷在變。因此，我「個體化」（我喜歡這用詞！）的方式是永遠不同，又永遠相同。由於唯有現在，靈魂的數目永遠是常數；但由於你喜歡以現在與那時的詞意去思考，它就永遠是在變的。當我們談到「轉世」、較低的生命形態和靈魂如何「回歸」時，曾說到這一點。

由於我常變，靈魂的數目就是無窮的，然而在任何「特定時刻」，數目都顯得是有限的。

從這樣一種意義上來說，是有「新靈魂」的：靈魂在達到終極覺醒，與終極實相結合為一後，自願「忘記」一切，「重新開始」；他們決定走向宇宙之輪上的新處所，有些則選擇再做「新靈魂」。然則所有的靈魂都是「原始那批」的一部分，因為所有的靈魂都是在那唯一的現在時刻正在被創造（已被創造、將被創造）出來的。

所以，靈魂的數目是有限的，又是無限的，是改變的，又是不變的——隨你怎麼看而定。由於終極實相的這個特質，我常被稱為不動的推動者。我是那永動者，那不動者，永變者，那不變者。

好吧。我懂了。你沒有任何方面是絕對的。

除了一切都是絕對的以外。

除非它不是。

正是。正是！你「搞懂了」！真棒啊！

嗯——事實是，我認為我一向就明白這碼子事。

沒錯。

除非我不懂的時候。

正是。

除非它不是。

正是。

誰在先。

不對。「什麼」在先，「誰」在其次。

達！達！原來你是阿波特，我是科斯提羅（譯注：Abbott與Costello是美國喜劇演員），而這一切都只是歌舞雜耍的表演。

也可能不是。有些時刻、有些事件是你可能想要認真的。

除非我不要。

除非你不要。

那麼，讓我們再回到靈魂的課題上……

好傢伙！這是個了不起的書名……靈魂的課題。

說不定我們可以來寫這本書。

你在說著玩？我們已經在寫了。

除非我們還沒有。

對。

除非它不對。

你沒法確定。

除非我們確定。

你知道了嗎？懂了吧！你現在記得了它真正是什麼樣子，你跟它玩了起來！你現在又可以「輕鬆度日了」。你輕鬆了（lightening up，點亮了），開悟（enlightenment，點亮）就是指這個。

酷。

非常酷（cool，冷）。這表示你熱！

對，這就叫「活在矛盾中」，你說過許多次了。現在，回頭再談靈魂課題；老靈魂和新靈魂有什麼不同？

一個能量體（也就是我的一部分）可以設想它自己是「年輕」或「老」，端賴它在達到終極的覺醒後所做的選擇。

靈魂在返回宇宙之輪時，有些選擇為老靈魂，有些則選擇為「年輕」靈魂。

實際上，稱作「年輕」的經驗假設不存在，則稱作「老」的經驗就也不可能存在。有些靈魂「自願」被稱作「年輕」的，有些則自願被稱作「老」的，以便那一個靈魂——這也就是「一切萬有」——可以完全認識它自己。

同樣理由，有些靈魂選擇被稱為「好」，有些選擇被稱為「壞」。這是何以沒有靈魂會遭到懲罰。因為，那一個靈魂的部分為了要成為全體的一部分才這樣做，那全體怎麼會為此去懲罰自己的一部分呢？

這全都在《小靈魂與太陽》中做過美妙的解釋了，孩子都能懂。

你有能耐把話說得讓人口服心服，把複雜的概念說得極為清楚，連孩子也能懂。

謝謝你。

關於靈魂，另外還有一個問題：有「靈魂伴侶」（Soul Partner）這回事嗎？

有；但和你們想像的不一樣。

怎麼不一樣？

你們把「靈魂伴侶」浪漫化了，用來指「你的另一半」。事實上，人的靈魂——我「個體化」的部分——要比你們想像的大得多。

換句話說，我所謂的靈魂比我以為的要大。

大得多。那不是一個房間中的空間。那是整個房子裡的空氣。而房子有許多房間。「靈魂」並不局限於一個身分。它不是餐廳的「空氣」。它也不是「分」為兩個個體，稱為靈魂伴侶。它也不是起居間與餐廳合一的「空氣」。它是整個大廈的「空氣」。

在我的國度，有許多大廈。雖然所有大廈裡裡外外的空氣都是同一個，某個大廈中各個房間的空氣卻可能覺得比較「接近」。你進入這些房間時會說：「我在這裡覺得『親近』。」

那麼，你就可以了解，其實只有一個靈魂。然而你們所說的個體靈魂卻很大，包含著千百個身體，在它們的裡裡外外。

同時？

沒有時間這麼一個東西。所以我只能回答你說：「是，又不是。」你的靈魂所包著的身體，以你們的了解而言，有些是「現在活著」的，有些則是你們會稱為「死了」的。有些靈魂則包著你們認為活在「未來」的身體。當然，這一切都發生於現在。但你們所設想出來稱為「時間」的這個工具，可以允許你們對實際的經驗有更多的感覺。

所以，我的靈魂所「包含」——你用的這兩個字很有趣——的千百個身體，都是我的「靈魂伴侶」？

沒錯；這比你以前用這兩個字的意義要更精確些。

我的靈魂伴侶有些是以前活過的？

是的。按照你所說的方式，是的。

哇，等等！我想我突然想通了一件事。我那些「以前」活過的部分，是不是就是現在我所說的「前生」？

說得妙！你想通了！沒錯，有些是你「以前」曾經活過的「他世」。有些不是。你靈魂的另一些部分則包著一些身體，是你所稱為的「將來」要活的。還有一些是現在生活在你這星球上的其他人。

當你跟這些人相遇，你可能立刻會有一種親切感。有時候你甚至會說：「我們『前世』一定在一起過。」你是對的。你們真的曾一起度過「前世」。可能是同一個軀體，也可能是在相同的時空連續體中的兩個軀體。

妙不可言！這把什麼東西都解釋了！

是的。

只除了一件。

什麼？

為什麼當我明明知道我跟某人曾經共度一個「前世」——我就是知道：我在骨子裡感覺到——但在我向他們提的時候，他們卻完全沒有感覺呢？這是怎麼回事？

這是因為你把「過去」跟「未來」搞混了。

呃？

你曾經跟他們共度一世——不過不是前世。

是「來世」？

正是。那統統發生在永恆此刻；就某種意義來說，你對那還未發生的事有了覺察。

那為什麼他們不「記得」未來的事？

這是非常微妙的振動，你們有些人對它比較敏感，有些則否。再者，人與人也各有不同。你可能對你跟某一個人的「過去」或「未來」的經驗比跟另一個人的「敏感」。通常，這意味著，你（身為這非常巨大的靈魂的）那一部分跟另一個部分共同「包著」在同一個軀體，共度那段時間；如果你有「以前見過」的感覺，卻不那麼強，則你們可能共度相同的「時間」，卻未包含相同的軀體。或許你們曾是（或將是）夫妻、兄妹、親子或愛人。

這些都是很強的連繫；當你們「這一生」「初次」「重逢」，你們自然會感覺到。

如果你這些話都是真的，就可以解釋一些我從來沒法解釋的現象——「這一生」不只一人聲稱記得曾經做過聖女貞德，或莫札特，或「過去」其他有名的人。我一向以為這正證明了轉世之說是欺人之談，因為怎麼可能會不只一個人說他曾是以前的同一個人呢？但現在我明白那為什麼有可能了！現在被一個靈魂所包含的好幾個有情生命「記得」了（remember——「重新為其一分子」re-member）他們同一個靈魂的某一部分——而那部分曾經是（現在是）聖女貞德。

我的老天啊！這把一切的局限都打開了，什麼事情都可能了。將來，當我發現自己在說「那是不可能的」時，我就知道，那只證明有一大堆事情是我不知道的。

這很值得記住，非常值得記住。

是的。假如我們的「靈魂伴侶」可以不只一個，則就可解釋人的一生為什麼會跟不只一個人有強烈的「靈魂伴侶」感。——甚至在同一個時間跟不只一個人！

確實。

那麼，在同一個時間愛不只一個人就是可能的了。

當然。

不，不，我說的是，我們通常為某一個人所保留的那種強烈的個人的愛。——至少，在某一段時間只保留給一人的！

為什麼你會想要把愛「保留」？為什麼你會想要把它「留著」？

因為用「那樣的愛」去愛不只一個人是不對的。

誰告訴你的？

人人，人人都這樣告訴我。我的父母，我的宗教，我的社會，人人都這樣告訴我！

這就是「父親的罪傳給兒子」。

你自己的經驗卻告訴你，盡情的愛每個人是你最歡悅的事。然而你的父母、老師、師傅卻告訴你另一件——你不可以同時「那樣」去愛不只一個。我們這裡所說的還不只是性。如果你覺得某個人和另一個人一樣特殊——不論怎樣的特殊——則就往往讓你覺得你背叛了那另一個人。

完全對！完全對！這就是我們弄成的樣子！

於是你們表達的不是真正的愛，而是一些冒牌貨。

在我們的人性經驗中，表達真正的愛究竟有多大的許可程度？在這方面的表達上，我們究竟應該——有些人會說必須——加什麼限制？如果社交的和性的能量都無所約束的釋放，會有什麼結果？社交和性的完全自由就是拋卻責任嗎？或者正是責任的絕對頂點！

對於愛的自然表達做任何局限，都是對自由的否定，而這又是對靈魂的否定。因為靈魂正是自由的化身。由定義來說，神就是自由——因為神是無限的，不受任何限制。靈魂是具體而微的神。因此，靈魂反叛任何局限；它每接受一次外加的局限，就死一次。

就這種意義而言，誕生就是死，死就是誕生。因為在誕生之際，靈魂發現自己被約束在一個局限得可怕的身體中，而在死的時候，則再次逃脫了這些局限，睡眠時也是如此。

靈魂重返自由，欣歡飛舞，又能表達和體驗它真正的本性了。

然而，跟身體同在時，它能否表達和體驗它真正的本性？

這是你問的問題——也直逼生命的理由與目的。因為如果跟身體一同生活只不過是局限與囚禁，則有什麼好？有什麼用？更不必說有什麼存在的理由了。

沒錯，我想這就是我問的問題。我代表所有感到人生經驗之可怕局限的人問這個問題。我所指的還不只是肉體上的局限——

我知道——

——還有情感上和心理上的。

是的，我知道。我懂，不過，你所關懷的這一切，仍然跟那同一個比較大的問題相關。

沒錯。不過，還是請讓我說完。我這一生都感到深深受挫，因為世人不讓我用我想要的方式去愛每個人。

小時候，不可以同陌生人講話；不可以說不得體的話。我記得，有一次跟我父親走在街上，遇到一個窮人，在討錢。我立刻為他難過，想要從我口袋裡掏幾個小錢給他，我父親卻制止我，把我拽開。「垃圾，」他說，「根本是垃圾。」凡我父親認為不符合他的人生價值的人，他一律指為垃圾。

後來，有一個耶誕夜，我父親不允許我哥哥進到屋裡來。哥哥是我母親跟前夫所生的，那時他已不跟我們住在一起。他因為曾跟父親有過爭論，父親那晚就把他擋在走廊上，不讓他進來。我愛哥哥，我想要他進來跟我們一同過耶誕夜。我母親幾近崩潰，我則根本無法了解。我們怎麼會只因為一場爭論而不愛哥哥，不讓他一同跟我們過耶誕夜？

究竟什麼樣的不同意見可以壞到毀了耶誕夜？因為連戰爭都因耶誕而停火二十四小時，這是我當時七歲的小心靈想要知道的。

等我長大一些，我知道阻礙了我們的愛的，不只是憤怒，還有恐懼。這就是何以我們不應該跟陌生人講話，而不只是由於我們是沒有自衛能力的孩子。等我長大成人後，我知道了你不可以敞開胸懷熱切的去迎接陌生人，對於剛經介紹的人，你必須有一套禮貌遵循——然而其中沒有一項是我覺得有什麼道理的。我想要知道那新認識的人的一切，也想讓那新認識的人知道我的一切！但是，不行！那規矩說要等。

然後，在我成人後，性生活加進來了，我知道了這方面的規範更嚴格更局限。可是我仍舊搞不懂。

我覺得我就是想去愛，想被愛——用一切我覺得自然的方式，用一切我覺得好的方式去愛每個人。然而，對於這一切，社會都有它的限制與規矩，而且如此刻板嚴謹，以致即使當事人同意，社會卻不同意，使得兩個戀人被稱為「犯錯」，要受懲處。

這是怎麼回事？究竟是怎麼來的？

嗯，你自己已經說了，恐懼。

全都是因為恐懼。

沒錯，但這些恐懼有道理嗎？就人類的行為而言，這些規矩與限制真的得當嗎？我只舉一個例子。一個老男人遇見一個年輕女人，愛起她來（或「貪」起她來），離開了太太。你看，他那太太獨自帶著孩子，沒有工作專長，年在三十九或四十三——或者更糟，年在六十四，被一個年在六十九的老頭子拋下；這老頭子卻耽戀著比他女兒還小的一個女人。

你是認為這男人已經不愛他那六十四歲的太太了？

從所作所為，看起來像。

不是。他不愛的、想逃避的不是他太太，而是他覺得那加在他身上的限制。

算了，胡扯。根本就是貪欲，純粹是。根本是老牛吃嫩草，想抓住青春，貪戀女色，無法克制幼稚的欲望，無法遵守諾言，而他那老妻曾跟他艱苦走了一輩子。

當然，你形容得很生動。不過，並不能改變我說過的事實。幾乎每個這類的例子中，那男人都沒有不再愛他的太太。使他背叛的是加在他身上的限制：他的太太加在他身上的，或那年輕女人加在他身上的——她說，如果他還留在太太身邊，她就不要跟他有任何關係。

我所要指出的是：靈魂永遠都會背叛加在它身上的任何局限，任何局限。人類史上所發生的一切革命，都是因此點燃；使男人離開他的太太的革命，也是如此點燃；太太突然離開丈夫（這也常常發生），也是由此點燃。

當然，你不是在為清除一切行為限制在辯護吧！因為這會變成行為的無政府狀態。社會大亂，你一定不是在倡導「婚外情」——或開放式婚姻，天哪！

我既不鼓勵，也不不鼓勵任何事。我不「贊成」或「反對」任何事情。人類一直想要把我弄成是「贊成」或「反對」什麼的神，可是我不是。

我只想觀察什麼是什麼。我只是看著你們創造自己的對與錯系統，贊成與反對系統。看看你們現在的觀念符不符合你們對自己的物種，對自己個人所想要、所選擇的目標。

至於「開放婚姻」，我既不贊成，也不反對。你們自己的態度則依你們想由婚姻得到什麼而定。這又決定於你們想在「婚姻」中創造什麼樣的自己。因為我已說過，每一個行為都在定義你自己。

凡做決定，一定要先確定自己是否問對了問題。比如，關於所謂「開放婚姻」，該問的問題不是「我們兩方是否都可跟婚外者有性接觸？」而是「在婚姻的體驗中，我是誰，我們是誰？」

這個問題的答案可以在人生最大的答案中找到：在跟任何事物，一切事物的關係中，我是誰，我選擇自己是誰？

在這三部曲中，我已一說再說，這是對一切問題的答案。

神哪，你真使我受挫。因為這個答案太寬太大了，等於根本沒有回答任何問題。

哦，真的？那麼，你對這問題的答案是什麼呢？

照這幾本書的說法——照你在這幾本書中所似乎說的——我是「愛」。這就是我真正是誰。

好得很！你學到了！對，你是愛，愛是一切所有。所以你是愛，我是愛，沒有任何東西不是愛。

那恐懼又怎麼說？

恐懼是你所不是的，恐懼是那看起來如真的假象。恐懼是愛的反面，是你在實相中創造出來的，好讓你去體驗你是什麼。

在你存在的相對世界中，情況就是如此：如果沒有你所不是的，則你所是的……也就不是（不存在）。

是了，是了，這已經在我們的對話中說過好多次。但你似乎忽視了我的抱怨。我是說，對於我們是誰這個問題的答案（是愛）是如此的迂闊，以致幾乎沒有回答任何問題。你說它是所有問題的答案，我卻說它一個都沒有回答——更不用說「婚姻應當是開放的嗎」這個特殊的問題了。

如果你真的認為如此，那是因為你還不知道愛是什麼。

那有人知道嗎？人類自從時間之始，就在想把愛搞清楚。

時間並不存在。

我知道，我知道。那只是一個說法。

讓我想想看，能不能用你們的「說法」來解釋愛是什麼。

太棒了！

我第一個想到的形容詞是「沒有限制的」。一個東西如果是愛，它就不是有限制的。

這跟我們剛剛開始討論這個問題時說的一樣。我們在團團轉。

團團轉是好的，不要貶抑它，繼續轉，繼續圍著問題轉。轉，沒什麼不好；反覆是好的；再說、再看，是好的。

我有時候會變得不耐煩。

有時候？真好玩！

好吧，好吧，請繼續說。

愛，是那沒有限制的；愛沒有始，也沒有終；沒有前，也沒有後。愛永遠是（存在）：現在是，過去是，未來是。

所以愛也是永遠，它是永遠的真相。

現在回到前面用過的另一個詞：自由。如果愛是沒有限制，是永遠，則它就是……自由。愛，是那完全自由的。

在人類的實相中，你們會發現你們一直在尋求去愛，尋求被愛。你們會發現你們總是渴望著愛是不受限制的，你們會發現你們總是希望能夠自由的表達愛。

在每次愛的經驗中，你們都尋求自由、不受限制的永恆。你可能未能總是獲得，但卻一直尋求。你們尋求它，因為這就是愛，在你們內心深處你們知道；因為你們就是愛；藉著愛的表達，你們在尋求去認識和體驗你們是什麼，是誰。

你們是生命在表達生命，愛在表達愛，神在表達神。

所以，這些字眼都是同義詞。它們都是同一個東西：

神
生命
愛

沒有限制
永恆
自由
凡不是其中任何一個的，就不是其他任何一個。
你們是所有這些東西，你們會尋求去體驗自己是所有這些東西；只是早晚而已。

什麼意思——「早晚而已」？

看你們何時擺脫恐懼而已。我已說過，恐懼是顯得真實的假象，它是你們所不是的。
當你們透過了你們所不是的體驗後，你們將尋求體驗你們所是的。

誰想要體驗恐懼呢？

沒有人想要；但你們被教導要恐懼。
小孩不知道恐懼，他以為自己什麼都可以做；小孩也不會覺得缺乏自由，她以為她可以愛每個人；小孩也不認為自己缺乏生命，孩子們以為自己可以永遠活下去——而那像孩子一樣行動的人，以為沒有什麼可以傷害他；小孩也不知道什麼是邪惡的——一直到他被大人教導什麼是邪惡的以後。

所以，小孩可以光著屁股跑來跑去，見到人就抱，完全沒有想到這有什麼不對。如果大人們能夠如此，多好！

不過，這是孩子，他們這樣做有天真的美。大人不可能再回到這種天真狀態，因為「光著屁股」總是跟性有關。

是啊。當然了，神禁止天真而自由的去體驗那「跟性有關」的事。

確實，神禁止這樣。亞當、夏娃光著身子在伊甸園中快快樂樂的跑來跑去，一直到有一天，夏娃吃了樹上的果子——善惡知識之樹的果子。於是你就懲罰我們走入我們現在的狀態，因為我們都帶有那原罪。

我沒做這種事。

我知道，但是我必須在這裡挖苦一下建制化的宗教。

能避免就避免。

好，我會。建制化的宗教人士滿缺乏幽默感的。

你又來了。

抱歉。

我是說……你們想要體驗愛的沒有限制、愛的永恆與自由。婚姻制度是你們想尋求永恆的方式。藉著婚姻，你們協議成為終身伴侶，卻很少能造成那「沒有限制」和「自由」的愛。

為什麼？如果婚姻是自由選擇的，那不是自由的表現嗎？不跟你的妻子以外的人有性，以此來表明愛，這不是限制，而是選擇。選擇不是限制，而是自由的展開。

當那仍舊是選擇時——沒錯。

哼，必須是，因為那是承諾。

這就是麻煩開始之處。

請說明。

你看，有時候你會想在跟人的關係中體驗很高的特殊性。對你來說，並非某人比別人更特殊，而是你選擇此特殊的方式表達對某個人的愛——你的愛原是對一切人、對生命的深沉的愛。

你對某個人將此愛表達出來的方式是不一樣的。

你不可能對兩個人用完全相同的方式表示愛。因為你是原創性的造物，也是原創性的創造者。你所創造的一切，都是原創性的。任何的意念、言詞和行為，都不可能是重複的。你無法重複，你只能原創。

你知道為什麼沒有兩片雪花相同嗎？因為不可能。「創造」不是「重複」，創造者只能創造。

這是何以沒有兩片雪花相同，沒有兩個人相同，沒有兩個意念相同，沒有兩個關係相同，沒有任何兩個東西相同了。

這宇宙——以及其中的任何東西——是以獨特的樣子存在；無物與之真正相像。

這又是神聖二分法了。樣樣東西都是獨特的，而樣樣東西又都是一個。

正是。你每根手指頭都不一樣，卻都是同一隻手。你屋子裡的空氣就是任何地方都一樣的空氣，但每個房間的又都不一樣，感覺到明顯的不同。

人也如此。所有的人都是一個，沒有兩個相同。因此即使你想要，也無法以相同的方式愛兩個人；而且你也不會想要，因為愛是對獨特之物的獨特回應。

因此，當你對某人表示愛，你是以不可能對他人相同的方式表示。你的一思、一言、一行——你的回應——實際上是不可能重複的。每次都不一樣……正如你對之產生這些感受的人，個個都不一樣。

如果你想要獨獨對某人表示這特殊的感受，那麼，就如你說的，選擇它就是了。去表達，去承認，去宣示。但你的宣示要時時刻刻都是自由的，而非義務。因為真正的愛永遠是自由的，在愛的領域中，沒有義務存在的餘地。

如果你將你以特殊方式對唯一對象的愛視為神聖承諾，永不可毀，則將有一天你會感到此承諾是義務——你將為之惱怒。然而，如果你不將它視為承諾，一言無悔，卻視為隨時隨地所做的自由選擇，則惱怒之念永不致來臨。

記住：神聖承諾只有一個：去表達、去實踐你的真實相。一切其他的承諾都是對自由的毀棄，不可能是神聖的。因為自由就是你之所以為你。如果你毀棄自由，你就像喪失了你的本我。那不是神聖，那是褻瀆。

13 只有兩顆心才能宣布的事

喲！這些話讓人很難以消受。

你是在說我們永遠不該做承諾——我們永遠不該對任何人承諾任何事？

以你們大部分人的生活而言，你們每件承諾中都含有謊言的成分。謊言在於你們以為知道明天你們對某件事會有某種感覺，或者明天會做某件事。但如果你們以反應（reactive）的方式來過活——你們大部分人正是如此——則你們就不可能知道明天會怎麼感覺，怎麼做。只有那以創造的方式過活的人，才能在諾言中不含謊言。

創造性的生命能夠知道在未來的某個時刻，他們對某件事會有什麼感覺，因為他們是去創造他們的感覺，而不只是去經驗。

只有到了你能創造你的未來的階段，你才能預言你的未來。只有到了你能預言你的未來的階段，你才能真的做承諾。

然而，即使那能夠創造、能夠預言未來的人，也有權改變。改變，是一切生物的基本權利。其實，那不僅是「權利」，因為「權利」是被賦予的東西，「改變」卻是那本是的東西。

改變即本是（IS）。

你即是改變。

這不能被給予，你即是它。

由於你是「變」，由於變是你唯一的恆常之物，你就不可能信守的去承諾你永遠一樣。

你是說宇宙中沒有恆常之物？在一切的創造行為中，沒有任何東西是恆常不變的？

你們所稱為的生命歷程，是一種再創造歷程。生命中的一切都在每一個當下不斷的再創造它的自身。在這個歷程中，「同一」是不可能的，因為如果某個東西是同一的，它就完全不能改變。「同一」固然不可能，「相似」卻可能。在改變的歷程中產生的結果與原先的樣子相似，則是可能的。

當創造產生很相似的結果，你們就稱為同一。從你們有限而粗略的角度看，那就是同一。因此，以人類的用語來說，宇宙顯得很恆常。也就是說，事物看起來相似，行動相似，反應相似。你們在此處看到的是恆常。

這很好，因為提供了一個架構，讓你們可以在其中思考和體驗你們在物質界的生存狀態。不過，我告訴你：從一切生命——物質界生命和非物質界生命——的視角來看，恆常的表象就會消失。事事物物都會以它們真正的樣子——也就是恆常在變——來被體會。

你是說，改變有時這般微妙，以致在我們不甚明察的眼光看來，它們顯得沒變——有時顯得完全一樣——而事實上並非如此？

完全對。

沒有「同卵雙生兒」這種東西。

完全對。你說得很妙。

但我們可以用非常相似的樣子將自己重新創造，以致產生出「恆常」的效果。

沒錯。

在人與人的關係上我們可以做到這一步——以我們是誰、我們如何做事為人而定。

是的——不過，你們大部分人會發現，這很難做到。因為真正的恆常（這不同於看起來的恆常）違背自然律；這是我們剛剛說過的。即使要創造看起來一樣的表象，也非大師莫辦呢。

大師得去克服種種自然傾向（記住：自然是傾向改變的）才能顯得同一。事實上，他也沒辦法一直顯得同一。他只能顯得很相似，以此創造出同一的表象。

然而，那些不是「大師」的人，卻一直可以顯得「一成不變」。我知道有些人的行為與表現完全可以預料，你可以用性命來打賭。

然而要有意的這樣做，卻極為困難。

大師是那有意的創造出極為相似（你們稱為「恆常」）情況的人。學生則是那並不一定有意的創造出恆常情況的人。

比如，對某種處境總以相同方式反應的人往往會說：「我不得不這樣呀！」

大師永遠不會這樣說。

有些人的反應即使會令人讚歎，他們也往往會說：「哈，其實沒什麼，是自動的，誰都會這樣。」

大師絕不會這樣做。

因此，大師是那名副其實知道自己在做什麼的人。

她也知道為什麼要這樣說，這樣做。

那些不以精純程度做事的人，往往既不知自己在做什麼，也不知為何而做。

這就是為什麼遵守承諾這般困難？

這是原因之一。我已說過，除非你能預言自己的未來，否則你就不能真正做任何承諾。

第二個原因是，他們跟自己的實情衝突。

你的意思是——

我的意思是，他們演化的實情跟他們說的實情不一樣。因此，他們就深陷在衝突裡。要遵從什麼？遵從我的真情實況？還是遵守我的諾言？

你要給我們的忠告是？

我以前就給過你們這樣的忠告：

為了不背叛他人而背叛自己，終是背叛，那是最高的背叛。

但這會使所有的承諾全部破產！沒有任何人的任何話還能當回事。沒有任何人的任何事是可靠的了！

哦，所以你在想靠別人的說話算話是嗎？無怪你這麼慘了。

誰說我慘？

那你認為你是在快樂的時候這樣看、這樣做的？

好吧。我很慘，有時候。

啊，其實是很多時候。就連你有種種理由快樂的時候，你還是讓自己很慘，只因為怕不能保持快樂而擔憂！

而你之所以擔憂，是因為你的快樂有很大一部分得靠別人的說話算話。

你是說我無權期待——至少是期望——別人講話算話？

為什麼你要這樣的權利？

別人如果不能說話算話，唯一的原因是因為他們不想——或覺得不能——而這其實是同一回事。

一個人如果不想對你遵守諾言，或他覺得他做不到，那究竟為什麼你認為他該做到呢？你真的想要一個人去信守她不想信守的諾言嗎？你真的覺得人應當被迫去做他們覺得不想做的事嗎？

為什麼你應該去強迫別人做違背他心願的事？

好吧，至少有一個理由可說：如果他們不做他們說過要做的事，那就會傷害我——或我的家人。

所以，為了避免被傷害，你寧願去傷害？

我不懂為什麼只是叫人信守諾言就會傷害他。

可是他一定是覺得受傷害，不然他就心甘情願的去信守了。

所以，我就該眼睜睜的看著自己或我的孩子、家人受傷害，而不去「傷害」別人——不去要求別人信守諾言？

你真的相信如果你強迫他人信守諾言，你就能避免傷害？

我告訴你：那暗中走投無路的人（也就是必須去做那他「不得不做」的事的人），對人造成的傷害遠比那自由做想做之事的人造成的傷害要大得多。

當你讓人自由，你就除去了危險，而非增加危險。

沒錯，當你讓人脫卻諾言的「枷鎖」，短期來看，你好像受到傷害，但長遠看來，卻絕不會傷害到你。因為當你給別人自由，你也給了自己自由。當你強迫別人對你守信，你無可避免的會遭受攻擊，你的尊嚴與自我價值會受辱；你將感到憂愁和苦惱；當你不強迫他人守約，這一切均免。

長期的傷害要遠遠大於短期的——這幾乎是任何曾要他人守約的人都親身發現過的。

商業也可以這樣嗎？這個世界用這個方式，怎麼做買賣？

但這卻是做買賣的唯一明智之途。

你們整個社會目前的問題正在於以力量（force）做基礎。法制力（legal force，你們稱為「法律的力量」），但更常見的是赤裸裸的暴力（你們稱為世界「武力」）。

你們還沒有學會說服人的藝術。

如果不用法制力——如果不用法庭所展現的「法律力量」——我們怎麼說服企業界去履行契約和信守協議呢？

就以你們現行的文化倫理而言，確實可能別無他途。然而假如文化倫理做一些改變，則你們現行促使企業和個人守約的方式，便會顯得非常原始。

可以再解釋一下嗎？

你們目前是以武力來確保守約。當你們的文化倫理做了改變，領會到你們所有的人都是一體時，你們就絕不會再用武力，因為那會傷害到你們自己。你們不會用右手去打左手。

即使左手要把你勒死？

這又是另一種不會發生的事。你們會不再去勒死自己。你們將不再互咬互唾。你們將不再毀約。當然，你們的契約也將會十分不同。

你們將不會為了交換有價值的東西才把有價值的東西給人。你們將不會為了所謂正當的回報，才把東西給別人或與人分享。

你們會自動給予及分享，因此毀約的事也就少見，因為契約是為了交換物品與服務，可是你們的生活到那時，卻是為了給予物品與服務，而不管可否交換。

然而，就是在這種單向的給予中，你們找到了救贖。因為你們會發現神所體驗到的事情：就是凡是你們給別人的，就是給自己。怎麼去，怎麼來。

一切由你而出，一切回歸於你。

所以，不必去憂慮你能「得回」什麼。唯一需要憂慮的，是你能「給出」什麼。生活是為了創造最高品質的給予，而非最高品質的獲取。

你們一直忘記（forgetting）。但生活不是為了獲取（for getting）。生活是「為了給予」（for giving）；而為了這樣做，你們必須「原諒」（forgiving）別人——尤其是那些未能給予你們想獲取之物的人！

這樣做會使你們的文化故事完全改觀。今天在你們的文化中，所謂的「成功」主要是以能「獲取」多少來衡量：名氣、錢、權力與占有物。在新文化中，「成功」是以你能使別人擁有多少來衡量。

諷刺的是，你越讓他人擁有，你就擁有得越多，而且無需費力。既不用「契約」，也不用「協議」，不用「討價還價」，不用「談判」，不用打官司去讓雙方「守約」。

在未來的經濟中，你們不會為了個人的利潤而去做事，卻為個人的成長；而這會是你們的利潤。然而，當你們真正是誰變得更大更恢宏的時候，物質的「利潤」就會不請自來。

到了那個時候，今日你們用武力要求他人守約的事，就會看來非常原始。如果有人不守約，你就會讓他選擇他自己的路，創造他自己的經驗。而不管是別人未能給你什麼，你都不會因之而缺，因為你知道「所來之處還有更多」——而所來之處，並非外在於你的淵源。你就是淵源。

哇，我懂了！但是，我們好像又離了題。整個這大段討論都始於我問你關於愛的事——人類可以允許自己無限制的表達愛嗎？這又提到開放式婚姻的問題。然後我們突然又講到這裡來。

其實並沒有，我們所講的這一切都是相關的，正好可以轉入所謂啟蒙的（開悟的）社會，或高度演化的社會，這本是你問的問題。在高度演化的社會中，既沒有「婚姻」，也沒有「買賣」——也沒有你們為把社會凝聚在一起，而創造出來的任何人為的社會結構。

好，好，我們馬上談這個。但是我想先把剛剛的話題說完。剛剛你說了一些非常驚人的話。因為，照我的了解，這些話歸結起來等於說，大部分人是不能守約的，因此就不應締約。而這對婚姻機構是一個很大的打擊。

我喜歡你這裡所用的「機構」一詞。大部分人對婚姻的經驗，就是覺得身在「機構」中。

沒錯。它要不是精神治療機構或刑罰機構——最少也算得上是個高等教育機構！

完全對，完全對！這正是大部分人對婚姻的體驗。

哼，我是在跟你逗著玩的，我並不認為「大部分人」是如此。仍舊有上百萬的人愛這種婚姻機構，保護它。

我仍舊維持我的立場。大部分人在婚姻中都吃盡苦頭，不喜歡婚姻加給他們的東西。

你們的全球離婚率證明此說不假。

所以你是說婚姻應該「拜拜」囉？

我沒有好惡，而只做——

我知道，我知道，只做觀察。

棒啊！你們總想把我弄成有好惡的神，我卻偏偏不是。謝謝你及時出來阻止。

好吧，我們不但鑿沉了婚姻，還鑿沉了宗教！

沒錯。如果人類了解神沒有好惡，則宗教就無法立足，因為宗教聲稱神有好惡。

而如果你沒有好惡，則宗教就必定是謊言。

嗯，這樣說讓人很難消化，我寧可稱它為虛構，它是你們編造出來的東西。

比如我們編造說：神喜歡我們結婚？

對，我對這類事情沒有好惡，但我注意到你們有。

為什麼？如果我們知道婚姻困難重重，為什麼我們還偏好結婚呢？

因為婚姻是你們以為唯一可以讓愛情「永恆」的辦法。

那是女人唯一確保生活的辦法，是男人唯一確保隨時可得到性和伴侶的辦法。

所以，社會契約就建立起來了，交易達成，你給我這個，我給你那個，這和買賣幾乎沒有什麼不一樣。契約成立，由於雙方都想加強約束力，因此稱之為與神訂約，說是「神聖契約」。誰毀約，神就懲罰誰。

後來發現這無效，於是你們又訂了人為的法律。

但這也還是無效。

神的法律與人的法律都無法制止人毀棄婚姻誓約。

怎麼會這樣？

因為你們的誓約一般說來，都跟那唯一有效的法則相衝突。

什麼法則？

自然法則。

但是，生命與生命合而為一，合為一體，本是自然的事。這不是我從這些對話中所得到的訊息嗎？而婚姻又是我們對結合的最美表達。你知道的，「神所結合的，人不可以分開」，諸如此類。

婚姻，就以你們大部分實行的樣子看來，並不怎麼美。人天生有三個層次，婚姻卻違背了兩個。

可不可以請你再說一遍？我想我才剛剛開始理清。

好。從最高的說起。

你們是愛。

愛是沒有限制的、永恆的、自由的。

因此，這就是你們。是你們的天性。你們天生是不受限制、永恆及自由的。

社會的、道德的、宗教的、哲學的、經濟的，或政治的人為結構，凡是違背或壓抑你們天性的，都對你們的本我造成侵害，因此你們就會起而反抗。

你們的國家之所以產生，你以為是為什麼？不是那「不自由毋寧死」嗎？

結果，你們在國家中卻放棄了自由，在生活中也放棄了。統統是為了同一個東西：安全。

你們是那麼懼怕去生活——那麼懼怕生命本身——以至於為了安全，你們放棄了生命的最根本本性。

你們所稱為婚姻的機構，就如你們所稱為的政府機構一樣，是為了求得安全。事實上，這兩種機構都是人為的社會建制，目的是互相管制對方的行為。

真慘，我還從沒有這樣想過。我一直以為婚姻是愛的最終宣告。

從你們想像的角度看，是的；但從你們建構它的方式看，不是。你們對婚姻的建構，使它成為恐懼的最終宣告。

如果婚姻允許你們在愛中不受限制，有永恆，而且自由，則它就會是愛的最終宣告。目前的情況卻是，你們的婚姻致力於降低你們愛的層次，把它變成了一種承諾或保證。婚姻變成了致力於去保證「現在是什麼樣子」就永遠是什麼樣子。如果你們不需要這種保證，你們就不需要婚姻。你們又如何去運用這種保證呢？第一，把它用作創造安全的措施（而非由你的內在創造安全）；第二，如果這個安全無法保障，就用婚姻當作懲罰措施——訴諸法律；因為婚姻承諾中包含破壞婚姻者違法的條文。

於是你們發現婚姻非常有用——即使你們贊成婚姻的理由統統是錯的。

你們也想用婚姻保障情感：你們互相的情感絕不給予另外一人。至少，你們不會用相同的方式表達。

也就是，不用性的。

也就是不用性的。

最後，你們所建構的婚姻等於是說：「婚姻關係是特別的，我把這關係置於一切關係之上。」

這有什麼錯嗎？

沒有。這不是「對」「錯」的問題，對與錯是不存在的。這是個有用沒用的問題，這是個關於你真正是誰的最恢宏意象的問題。

如果那真正的你說：「這個關係比別的關係都特別。」則你們對婚姻的建構就有助於你們達到這一點。然而，有一件你或許覺得有趣的事情是：幾乎從來就沒有任何一個被人認為精神大師的人，是結婚的。

是啊，這是因為他們是獨身者，他們沒有性生活。

不是。那是因為大師們無法信誓旦旦的宣布你們目前婚姻要人宣布的話：某一個人對他們來說比別人更為特別。

這不是大師所能說出的話，也不是神所能說出的話。

事實上，你們目前的婚姻誓約讓你們說的話是不合神性的。極為諷刺的是，你們卻覺得那是最為神聖的承諾；而神是絕不會做這種承諾的。

然而，為了使你們的恐懼顯得正當，你們便想像出一個像你們一樣的神來。因此，你們便言之鑿鑿的說，神對他的「選民」有「承諾」，說神跟他所愛的人之間有特別的「盟約」等等。

你們無法忍受神對任何人的愛都不特別，因此便發明了虛構的想像，認為神只為了某些理由而愛某些人。你們把這種虛構的想像稱為宗教，我卻稱它為褻瀆。因為任何想法若以為神對某人的愛多於另一個，就是虛妄的；任何儀式若要求你們做這樣的陳述，則此陳述便不是聖言，而是瀆聖！

哦，天啊！停一停，停一停！你毀滅了我對婚姻一切美麗的想法！這些話絕不是神寫出來的！

我說的正是你們目前所建構的宗教與婚姻。你認為這些話太嚴厲？我告訴你們：你們變造了神的話，以便讓你們的恐懼看似合理，使你們對彼此的瘋狂對待有藉口。

為了繼續以我的名互相控制、互相傷害、互相殺害，你們會讓神說你們需要神說的話。

沒錯，多少世紀以來，你們在戰場上呼叫著我的名字，揮舞著我的旗幟，拿著十字架，以圖證明我愛某人甚於另一個人，並為了證明此事而要求你們殺人。

然而我告訴你們：我的愛是沒有限制的，沒有條件的。

但這是你們聽不進去的話，是你們不能接受的言詞，是你們不能承擔的真理，因為它的泛愛眾生，不但摧毀了你們現在所構築的婚姻機構，也摧毀了你們一切的宗教與政治機構。

因為你們的文化是建立在排他性上，並以一個神話來支持它：神是排他的。

然而，神的文化卻是涵容的，人人都涵容在神的愛中，人人都受邀進入神國。

而這個真理，你們卻稱為褻瀆。

你們不得不如此。因為，如果那是真的，則你們在生活中所創造的一切，就都是假的了，是虛妄的。人類的一切規約，一切建構，凡違背永恆、自由與無限制的，就是虛妄的。違背得越嚴重，就虛妄得越嚴重。

假如無所謂「對」與「錯」，又怎麼會有「虛不虛妄」？

一件事或一個東西，如果和其立意不合，就是虛妄的。一扇門，如果不能開不能關，就是假門。你不會說它是「對」「錯」，而只能說它「沒用」。

你們在生活中、在社會中所建構的任何事物，如果和你們的立意不合，就是虛妄的，就是假的。它是個虛妄結構。

呃——純粹為了複習——我生而為人的目的是什麼？

去決定、去宣告、去創造、去表達、去體驗和去實現，你真正是誰。

每一分每一秒都去創造再創造，你真正是誰的最偉大意象之最恢宏版本。

這是你生而為人的目的，是一切生命的目的，是生活中一切事務的目的。

那麼——這把我們帶到了何處？我們摧毀了宗教，廢棄了婚姻，作廢了政府。那麼，我們身在何處？

我們什麼也沒摧毀，沒廢棄，也沒作廢。如果你們所創造的結構不能運作，不能產生你們想要它產生的效果，則對它做描述就不能說是摧毀、廢棄或作廢。

請回想一下審判和觀察的不同。

我不是要在這裡跟你爭辯，但你剛剛所說的話，我聽來有許多像是審判。

我們受到言語的可怕限制。可用的言詞實在太少，同樣的用詞必須一用再用，可是指的內容卻往往很不一樣。

你說你「愛」吃香蕉甜餅，你說你「愛」某個人；這兩種愛顯然是不同的。所以，你們的用詞實在太少，無法正確表達你們的感受。

在與你做言詞溝通時，我允許自己體驗這種限制。我也承認，由於這種言詞也是你們用來做審判的言詞，所以你們會以為我用它們時，也是在做審判。

我要再次鄭重告訴你，我沒有這樣做。整個的對話中，我都在試圖盡可能讓你們知道：你們如何才能走向你們想要去的地方，什麼東西擋住了你們的路，什麼東西讓你們停步不前。

就宗教而言，你們說你們想走向真正認識神、真正愛神之處。但我的觀察是，你們的種種宗教並不能把你們帶到那裡。

你們的宗教把神弄成了大神秘，讓你們不是愛神，而是怕神。宗教也很少改變你們的行為。你們還是互相殺害，互相咒罵，互相認為「錯」在別人。事實上，是你們的宗教在鼓勵你們這樣做。

所以，就宗教而言，我只是觀察到，你們說它會帶你們去一個地方，實際上，它卻帶你們去另一個。

你們說你們想要婚姻帶你們到一個永遠幸福之地，或者，至少到一個相當詳和、安全與幸福之地。它也和宗教一樣，一開始還好，可是越久，越與你們想要的情況背道而馳。結過婚的人一半以離婚告終，另一半雖留在婚姻裡，卻多數極不快樂。

你們的「幸福結合」把你們帶向苦澀、憤怒與懊悔。不少人則根本是以悲劇收場。

你們說你們想要以政府來確保和平、自由、國泰民安，我的觀察卻是，以你們現在設計的政府，它一樣也沒帶給你們。你們的政府反而帶你們戰爭、缺乏自由、動亂不安。

你們連讓人吃飯、健康活潑的活下去都做不到，更不用說提供機會均等了。

這個星球上每天有成千上萬的人丟棄足以餵飽千千萬萬人的食物，卻每天讓成千上萬的人餓死。

將那「有」的人剩餘之物給予那「沒有」的人，本是簡易的事，你們卻處理不了：更不用說去解決你們究竟想不想公平分配資源的問題了。

這些話不是審判，這是你們社會中可以觀察到的事實。

為什麼？為什麼會這樣？這麼多年來，我們在處理自己的事情方面少有進步，為什麼？

不是這麼多年，而是這麼多世紀！

好吧，這麼多世紀。

這跟人類最初的人文神話有關，當然也跟隨之而來的其他神話有關。除非這些神話改變了，否則其他就不會改變。因為你們的人文神話形成了你們的倫理，而你們的倫理創造了你們的行為。然而重點在於：你們的人文神話和你們的基本本能南轅北轍。

你的意思是——

你們最初的人文神話說人類生而邪惡，這是原罪神話。這神話說，不但你們的基本天性是邪惡的，而且是由邪惡而誕生的。

由第一個神話必然產生出來的第二個文化神話說：「適者」生存。

這第二個神話說：你們有些是強者，有些是弱者，而為了生存，你們必須是強者。你們可以盡量幫助同胞，但如果面臨自己存亡關鍵，你就須以自己為先。你們甚至可以讓他人去死。其實，你們不只於此。如果為了自己生存，你們甚至會去殺害別人——也就是那所謂的「弱者」，以便證明自己是「適者」。

你們有些人會說，這是你們的基本本能，稱為「生存本能」；這個人文神話締造了你們許多的社會倫理，造成了你們許多的群體行為。

然而，你們的「基本本能」不是生存，而寧是公正、合一與愛。這是一切處所、一切有情眾生的基本本能，這是你們的細胞記憶，這是你們的天性。所以，你們最初的人文神話被破除了，你們不是本惡，你們不是生於「原罪」。

如果你們的「基本本能」是「生存」，如果你們的本性是「惡」，你們就不會本能的去讓小孩不致跌倒，見溺馳援，或去做任何這類事情。而且當你們依你們的基本本能、基本天性去做的時候，你們甚至沒有去想你們在做什麼，甚至於冒著自己生命的危險。

因此，你們的「基本本能」不可能是「生存」，你們的基本天性不可能是「邪惡」。你們的本能與天性是去反映你們是誰的本質；而這本質就是公正、合一與愛。

好好看看它的社會意涵，要明白「公正」（fairness）與「平等」（equality）的區別。有情眾生的基本天性並非去尋求平等，正好相反。

一切有情眾生的基本天性是要表達獨特性，而非一模一樣。要創造一個社會，使其中兩個生命真正平等，這不但不可能，而且不合需求。社會機制如果想製造真正的平等——經濟、政治和社會方面的一模一樣——則就違背了生命最恢宏的理想與最崇高的目的。每一個生命都要有機會使其最恢宏的渴望具體呈現，以此真正再創造它自己。

真正需要的是機會均等，而非事實的平等，這叫作公正。事實上的平等，製造外在的武力與法律，這會消滅公正，而非締造公正。它會消滅真正的「自己再創造」的機會，而自己的再創造，卻是一切處所開悟的眾生之最高目標。

那什麼情況能創造機會自由呢？就是那讓每個人都能滿足其基本需求的社會，使所有的人都能去追求自我發展與自我創造，而非自我生存——的社會。換句話說，就是那模仿真正體系的體系；而真正的體系就是生命體系，在此體系中，生存是受到保障的。

在開悟的社會中，自我生存不是主旨，因此，在這樣的社會中，只要有夠給所有人的食物，就不可能讓任何人挨餓；在這樣的社會中，自己的利益和相互之間的最佳利益是同一回事。

凡是以「天性邪惡」和「適者生存」的神話為中心建立起來的社會，就不可能達成這種領會。

是的，我明白了。這個「人文神話」問題和高度先進社會的其他行為與倫理，是我等一下想要再請問的。但現在請讓我最後一次重返原題，先解決我這裡開始問的問題。

跟你談話的挑戰之一，是你的回答常把我們帶到這麼有趣的方向，以致有時會讓我忘記我原先的問題。但這一次我沒忘。我們原來在討論婚姻。我們在討論愛及其要求。

愛沒有要求，這就是愛之所以為愛。

如果你對他人的愛帶有要求，就根本不是愛，而是仿冒品。

這就是我在這裡要告訴你的。這是我在回答你這裡的每個問題時，所用種種方法對你說的。

比如，就以婚姻而言，你們會交換誓約，這卻是愛所不要求的。可是你們要求，因為你們不知道愛是什麼。因此你們就互相要求對方做出承諾，這卻是愛絕不會要求的事。

那你就是反對婚姻了！

我什麼也沒「反對」，我只是描述我看到的。

我們可以把我看到的情形改變。你們可以把「婚姻」的社會結構改變，要它不要求愛所絕不會要求的東西，卻宣告愛只會宣告的東西。

換句話說，改變結婚誓約。

不只。改變期望；因為誓約是建立在期望上，這些期望很難改，因為那是你們的文化傳承，而文化傳承又來自你們的人文神話。

我們又轉回人文神話的話題上去了。那麼，你想要做的是什麼？

我在這裡想為你們指出正確方向，我看出你們的社會想要走向何方。我希望能找到合適的人類語言，來為你們指出如何去走。

我可以舉個例子嗎？

請。

你們關於愛的人文神話之一，是寧可給予，而非接受。這已經變成了文化的無上命令，可是這便把你們逼得發瘋，造成的傷害遠比你們想像的大。

它使你們陷入惡劣的婚姻中，使你們種種關係陷於失調，可是卻沒有人膽敢挑戰這目前風行的人文神話。你們視為嚮導的父母不敢；你們尋求感召的教士不敢；你們期望釐清心理情結的心理學家和精神病學家不敢；甚至你們視之為精神領袖的作家與藝術家也不敢。

因此，歌詞、故事、電影、指南、祈禱、說教統統在呵護這種神話，結果是你們全都要去符合它。

可是你們卻做不到。

但問題卻不在你們，而在那神話。

愛不是給予重於接受？

不是。

不是？

不是。從來就不是。絕對不是。

可是你自己剛剛才說「愛沒有要求」。你說，這就是愛之所以為愛。

沒錯。

好哇，可是那很像「給予重於接受」呀！

那你就需要再讀讀第一部的第八章，我這裡所說的在那裡解釋得清清楚楚。這一套對話集本意就要你們連續閱讀，並且當作一個整體。

我知道。但是總有一些人沒讀過第一部就讀了這第三部。所以，可不可以請你解釋一下你剛才說的是什麼意思？坦白說，雖然我以為我已懂了這檔子事，但你如果能幫我溫習一遍，還是有用的。

好吧，那就開講！

你們所作所為的一切，都是為自己而做。

這是因為你們都是一體。

你為別人做什麼，你就是在為自己做。你未能為別人做，也就是未能為自己做。對別人好的，就是對自己好，對別人有害的，就是對自己有害。

這是最基本的真理。然而這又是你們最常漠視的真理。

在你與人的關係中，只有一個目的。這關係的存在只是一個載具，讓你去決定、宣告、創造、表達、體驗和實現你關於自己真正是誰的最高意象。

如果你仁慈、體貼、關懷、分享、慈悲與愛憐，那麼，當你與人共處，你就是這些情感，則你就讓你的本我體驗到最恢宏的經驗——而你投身到肉體中，本來為的就是如此。

這就是你為什麼投身到肉體，因為只有在物質的相對界域，你們才能覺知自己是這些情感。在絕對界域（你們是從這界域來的）是不可能有這種體驗的。

在第一部中，我對這情況的解釋要詳細得多。

假如你並不愛本我，任許本我受辱、受損、受毀，則你就會延續這種行為，讓自己去經驗這種損、毀、屈辱。

然而，如果你真是仁慈、體貼、關懷、分享、慈悲與愛憐的人，則你就會把自己包括在你仁慈、體貼、關懷、分享、慈悲與愛憐的人之中。

事實上，你會以自己為始。你會首先把自己置於這些情感中。

生活與生命中的一切都依你們想要是什麼而定。比如，假設你想要與所有的人為一體（也就是，如果你想要把一個本來就知道的概念具體經驗到），你就會發現自己所思所言所行很不一樣，不一樣到讓你可以體驗到和證明到跟眾人一體。當你由這種體驗和證明而做某些事情，你將不會覺得那是為他人而做，卻是為自己而做。

不論你想要的是什麼，情況都會如此。如果你想要的是愛，你就會跟他們做愛的事。但不是為他人，而是跟他人。

要注意這不同處，明察秋毫。你跟他人做一些愛的事，為的是你的本我——以便你能夠實現和體驗關於你的本我，關於你真正是誰的最恢宏意象。

就這種意義而言，為別人而做任何事都是不可能的，因此凡是你想要做（act）的任何事，都是「演出」（an"act"）。你在「演」。也就是說，在創造，在扮演一個角色。只不過你不是在假裝，你是在實實在在做人。

你是人。而你是什麼樣的人，是根據你的決定與選擇。

你們的莎士比亞曾經說過：「整個世界就是舞台，人人都是演員。」

他又說過：「是與不是，乃關鍵所在。」

他還說過：「對自己真，就不可能對任何人假——正如晝與夜必然相隨。」

當你對自己真，當你不背叛自己，則那「看來像」是「給予」的，實際上是在「接受」，你名副其實是把自己還給自己。

你真的不可能「給予」別人，因為並沒有「別人」。既然我們都是一體，則唯一存在的，就是你。

這有時好像在玩文字「遊戲」。不同的字搬來搬去，意義就不一樣了。

這不是「遊戲」，是魔術！這不只是換字來改變意義，而是換知覺來改變體驗。

你們對一切事物的體驗，都是以知覺為基礎，而你們的知覺，又以領會為基礎。你們的領會則建立在你們的神話上，也就是以別人怎麼告訴你們為基礎。

現在我告訴你們：你們當前的人文神話對你們沒有用，它們沒有把你們帶往你們想要去的地方。

你們不是對自己扯謊，就是瞎子。你們說你們想要去哪裡，可是你們可能是自己在對自己扯謊；不然，你們就是瞎子，沒看到你們並沒有向那邊走。不論就個人、就國家或就整個人類而言，都是如此。

有別的物種做到了嗎？

哦，當然。

好吧，我等得夠久了，告訴我他們的事。

馬上，馬上，但我先要告訴你們如何改變所謂「婚姻」這種人為的發明，好讓離你們想要去的地方更近一些。

就是不要毀掉它，不要拋棄它——而要改變它。

好，好。我真的好想知道。我好想知道人類有沒有任何一條路可以表現真愛。所以我要用這一段開始的話題來結束這一段。在愛的表達上，我們應當——有些人會說必須——設置什麼限制？

一無限制，什麼限制也不要，這就是你們的婚姻誓約所應當聲明的。

我很驚訝，因為這正是我與南茜的婚姻誓約中所聲明的！

我知道。

當南茜和我決定結婚時，我突然心血來潮要寫一篇全新的婚約。

我知道。

而南茜贊同我，她同意我們不可能互相交換「傳統」婚禮中的誓約。

我知道。

我們坐下，創造了新的婚姻誓約，嗯，就如你說的：「公然反抗文化指令。」

對，你們做得很好，我很高興。

當我們把它寫下來，當我們把這些誓約寫在紙上準備給教士唸時，我真的相信我們兩個都是有「靈感」的。

當然！

你是說——

你沒想到？你以為只有在你寫書時，我才與你同在？

哦——。

真的，哦——。

那麼，你何不把你們的婚姻誓約附在這裡？

呃？

附上呀，你不是有拷貝嗎？附在這裡就是了。

可是，我們並不是為了要與全球分享才寫的。

當你和我的對話剛開始時，你曾想過是要與全球分享的嗎？

附上吧，附在這裡就是了。

我只是不想讓人以為我在說：「你看，我們寫了一份完美的婚姻誓約！」

你怎麼突然擔心起別人怎麼以為你了？

算啦，你知道我的意思。

可是，沒有人會說這是「完美的婚姻誓約」的。

好吧。

只不過是你們地球有史以來最好的。

唉——！

開開玩笑，讓大家輕鬆輕鬆嘛。

好啦，把那誓約附在這裡。我負責，大家會喜歡的。這會讓大家對我們這裡所說的話有個概念，甚至可以邀請別人也採用這樣的婚姻誓約——而實際上那根本不是「誓約」，只是聲明。

嗯，好吧。這是南茜和我在結婚時說的話……感謝我們所得的「靈感」。

教士：尼爾和南茜今晚到這裡來，不是要做莊嚴的承諾，或互換神聖的誓約。尼爾和南茜是來宣布他們的互愛，宣布他們的真情，宣布他們選擇了共同生活與成長；大聲在各位面前說出，以盼望由於各位的親自在場，使他們的宣布更充實有力。

他們今晚到這裡來，也是期望他們的締約儀式將有助於把我們所有的人都結合得更緊。如果各位今晚與伴同來，則讓這個儀式成為新的愛之獻詞。

我們要由一個問題開始：為什麼結婚？尼爾與南茜對這個問題都做了回答，並把這回答告訴了我。現在我要再問他們一次，好讓他們更為確定他們的回答，更為確定他們的領會，更為確定他們的真情。

（教士從桌上拿起兩朵紅玫瑰……）

這是玫瑰之體，南茜與尼爾分享他們的領會，並紀念他們的分享。

南茜與尼爾，你們曾告訴我，你們清楚了解，結婚並不是為求安全……

……你們清楚了解，唯一真正的安全，並不在擁有或被擁有。

……不在要求，寄望，或期望生活所需由對方供給……

……而寧在知曉生活中的一切所需均具備於自己之內——所有的愛、所有的智慧、所有的洞察、所有的權力、所有的知識、所有的領悟、所有的滋養、所有的慈悲、所有的力量，都具備於自己之內……

……你們清楚了解，結婚並非為了取得這些禮物，而是期望給與這些禮物，以便讓對方更為富足。

這是你們今晚的清楚領會嗎？

（他們說：「是。」）

南茜和尼爾，你們曾說你們不認為婚姻是為了製造義務，而是為了提供機會……

……成長的機會，充分表現自己的機會，把生活提升到最高可能的機會，治療你們小看自己與誤會自己的機會，以及透過你們兩個靈魂的交會（communion），而與神最終重新結合的機會……

這就是真正的聖餐（Holy-communion）……跟所愛者共度的生命之旅……你們相互間是平等的伴侶，平等分享權利，分攤責任，不論什麼擔子都平等分擔，並且平等共浴在光輝中。

這是你們所希望走入的願景嗎？

（他們說「是」。）

現在我將紅玫瑰交給你們，象徵你們對這些人間事務的領會，表示你們知曉，並同意具備肉身生活會是如何，在婚姻的結構中生活是如何。現在，請二位將紅玫瑰給與對方，象徵你們以愛分享這同意與領會。現在，請二位各取一枝白玫瑰。這象徵你們更深遠的領會，對你們的靈性和精神真理的領會。白玫瑰代表你們真正的和最高的自己之純潔，代表神的愛之純潔：這愛，於今照耀著你們，並永遠照耀。

（她給南茜一枝白玫瑰，莖上有尼爾的指環；給尼爾一枝白玫瑰，莖上有南茜的指環。）

你們今天以什麼代表互相給予和接受的承諾呢？

（他們各自將指環從花莖上取下，交給教士，教士將指環托在掌上，說……）

圓圈象徵太陽、大地和宇宙。象徵神聖、完美與和平，也象徵精神真理，愛與生命的永恆性……是無始無終的。此刻，尼爾與南茜也選擇它來象徵合一，而非占有；象徵結合，而非限制；象徵環抱，而非羈絆。

因為愛不能被占有，也不能被限制，靈魂是從不能陷入羅網的。

尼爾和南茜，現在請拿起你們的指環，給予對方。

（他們各自拿起指環。）

尼爾，請跟著我說：

我，尼爾……請妳，南茜，做我的伴侶，我的愛人，我的朋友，我的妻子……我當著神和各位親友的面宣布……我願意給妳我至深的友情與愛。

……不僅在妳高昂的時候如此……在妳低沉的時候亦然……不僅在妳清楚記得妳真正是誰的時候如此……在妳不記得的時候亦然……不僅在妳有愛心的時候如此……在妳沒有愛心的時候亦然……我也當著神和各位親友的面宣布……我永遠願意看出妳生命內在的神聖之光……並願意與妳分享我生命內在的神聖之光……甚至於——尤其是——在黑暗來臨的時刻。

我願意永遠與妳在一起……做靈魂的神聖伴侶……好讓我們一同做神的工作……跟我們所接觸的每個人分享我們生命中的美好事物。

（教士轉向南茜。）

南茜，妳答應尼爾請妳做妻子的邀請嗎？
（她答道：「我答應。」）
南茜，現在請跟著我說：
我，南茜……請你，尼爾……（她說了與前面相同的誓言。）
（教士轉向尼爾。）
尼爾，你答應南茜請你做她丈夫的邀請嗎？
（他答道：「我答應。」）
那麼，請你們二位各自拿著你們要給對方的指環，隨著我說：以此指環……我與你締結……我於今將此環給予你……（他們交換指環）……將它戴在我的手上……（二人各戴指環）……讓每個人都可看到、都可知道……我對你的愛。
（接著教士以下面一段話結束婚禮……）
我們十分清楚，只有夫妻自己才能為彼此主持結婚聖禮，也只有夫妻自己才能祝聖婚姻。我的教會和國家賦予我的權利，都不足以使我有權去宣布只有兩顆心才能宣布的事，去宣布只有兩個靈魂才能使之成為事實的事。
現在，由於你們二位，南茜和尼爾，業已宣布了早已寫在你們心中的真理實情，並在親友和宇宙活靈面前做了見證，我們便高高興興宣布你們結為夫妻。
讓我們一同祈禱：
愛與生命之靈，兩個靈魂在此世界已經相互尋見。從今以後，他們的命運將互相交織，苦樂與共。

尼爾，南茜，願你們的家讓每個走入的人都感到快樂，不論老少都能獲得新的生機，讓人成長，予人分享福慧，提供音樂與歡笑，成為祈禱與愛的處所。

讓那些與你們接近的人，因你們的互愛而充實，讓你們的工作成為你們生活中的喜悅，成為世界之福，讓你們在世上的日子既長又美。

阿門。阿門。

我非常感動。能找到這樣一個人跟我一同真心真意的說這樣的話，讓我感到那麼榮幸和有福氣。親愛的神啊，多謝你差遣南茜給我。

你對她也是禮物，你知道的。

我希望是。

相信我。

你知道我希望怎樣嗎？

不知道。怎樣？

我希望所有的人結婚時，都能做這樣的聲明。我希望大家把這份聲明剪下來，或印下來，結婚時用它，我打賭離婚率會大降。

有些人會覺得做這樣的聲明很難。而許多人要信守這樣的聲明會難上加難。

我真希望我們能信守這些話！我的意思是，說出這些話最大的難題，是在生活中實踐。

你們不準備實踐？

當然準備。但我們是人，和每個人一樣。所以，如果我們失敗了，如果我們畏縮了，如果我們的關係發生了什麼變化，或者，更慘的是，如果我們選擇結束目前的狀況，恐怕所有的人都會失望。

胡說。他們會明白你們是對自己誠實，他們會明白你們做了別的選擇，新的選擇。要記住我在第一部中對你說的話：不要把關係的長短與品質混為一談。你不是聖像，南茜也不是，也沒有任何人應該把你們放在像座上，你們更不可以把自己放在那裡，只當人，只充充分分的當人。如果以後你跟南茜覺得你們想用不同的方式相待，你們有十足的權利如此，這才是這整套對話的重點所在。

這也是我們聲明的重點！

正是！我很高興你看得明白。

對，我很喜歡我們的結婚聲明，我很高興我們把它寫出來了！那是共同生活的奇妙新方式。它也不再要求女人承諾「愛、尊崇和服從」丈夫。男人要求女人做這樣承諾，完全是自私自利，自以為是，自我膨脹。

你說得好，真是如此。

而男人宣稱這種男性至上的態度是神頒布的誡命，更是自以為是，自私自利。

你又說對了，我從來沒有頒布過這種東西。

我們終於說出了真正由神賦予靈感的婚約。這約定，沒有把任何人貶為奴隸或個人財產。它所述說的只是愛的真相。它沒有對任何人加任何限制，卻只承諾自由！這樣的聲明，是讓每個人的心都忠於自己。

如果有人說：「這種誓約當然好守，因為什麼要求都沒有……」——你會怎麼說？

我會說：「讓人自由比控制人難得多。當你控制人的時候，你得到你想要的。當你讓人自由，是別人得到他們想要的。」

聰明。

我有一個好主意！我們應該把這結婚聲明印成一本小冊子，就像祈禱書一樣，讓別人在婚禮時可以應用。

可以印成一本小小的書，裡面不僅包括這些話，還有整個的儀式，這套對話三部曲中有關愛情與關係的關鍵語，還有特別適於婚姻的禱詞和冥想——嗨，你一定不會反對吧！

我非常高興。因為剛才有一陣子，我還以為你是「反婚姻的」呢！

我怎麼會反婚姻？我們是統統結了婚的。我們是結了婚的——於今如此，永遠亦然。我們結合為一。我們是一體。我們的婚禮是歷來最盛大的。我們的誓約是最恢宏的。我會永遠愛你們，一切都讓你們自由。我的愛絕不在任何方面對你們有任何約束，而正因如此，你們「注定」終會愛我——因為，自由的去做你們是誰就是你們最大的渴望，是我給你們最大的禮物。

現在，你願依宇宙最高的法則以我為你合法的婚姻伴侶和共同創造者嗎？

我願意。

你現在願意以我為你的伴侶和共同創造者嗎？

我願意。我一向就願意。於今，於永遠，我們都是一體。阿門。

14 生命從來沒有開始

在讀這些字句時，我心中充滿敬畏。謝謝你以這種方式與我同在。謝謝你與我們所有的人同在。因為百萬千萬的人已讀過這些對話，更有百萬千萬的人將會讀到。你來到我們心中，讓我們感恩不盡，難以言宣。

我最最親愛的寶貝們——我一直就在你們心中。你們現在真真實實的感覺到我在，讓我十分高興。

我一直與你們同在，我從沒有離開過你們，我是你們，你們是我，我們永不會分離，從未分離，因為那是不可能的。

嘿，等等！這聽起來有點似曾相識。我們是否剛剛說過這些話？

當然！請你讀讀第十二章的開頭，只不過現在比那時的更具意義。

如果「似曾相識」是真的，豈不美妙！如果有時候我們真的「再度」經歷某些事情，以便讓我們更領會它的意義，不是很美妙？

你認為呢？

我認為這正是有時候發生的情況！

除非它不是。

除非它不是！

很好！真棒啊！你的領會進步得如此之快，真嚇人。

真的，我也覺得！現在，我有些很嚴肅的話題想跟你討論。

我知道，說吧。

靈魂什麼時候跟肉體結合？

你以為呢？

當你選擇要結合的時候。

說得好。

但大家會想知道更確定的時間。大家想知道生命從何時開始——就是大家一般認為的生命。

我了解。

那麼，生命的信號是什麼呢？是從子宮裡誕生出來？是受孕的那一刻？還是肉體生命的元素開始結合的那一刻？

生命沒有開始，因為沒有終結。生命只是延伸；創造新的形象。

這一定像六〇年代大為流行的熔岩燈：黏糊糊的東西，一坨一坨躺在瓶底，由於加熱而浮起來，分裂、結合，成為新的坨，有大有小，奇形怪狀，到了頂端，又結合成一大坨，然後重新來過。但在那瓶子裡並沒有「新」的糊狀物，始終都只是相同的那些坨，只不過一直重新改變形象，「看起來」像新的、不同的料子。變化永遠是沒完的，讓人看起來大開眼界。

這個比喻很棒。靈魂就是這樣。那唯一的靈魂——也就是一切萬有——將它自己組成更小部分又更小部分。而所有的「部分」自始就是存在的。並沒有「新」的部分，只是那一切萬有的各個部分將它自己重新組合，使得「看起來」像新的、不同的部分。

瓊·奥斯本（Joan Osborne，譯注：美國六〇年代流行歌壇歌手）自寫自唱了一首非常棒的流行歌曲，曲中問道：「如果神就是我們這些傢伙，酒囊飯袋一個，不知會怎麼樣？」我要問問她，是不是可以改成：「如果神就是我們這種傢伙，黏糊糊一坨，不知會怎麼樣？」

嘿，太棒了！你知道，她的歌太棒了，讓所有的人都開了竅。大家都無法接受我和他們差不多。

這種反應有趣得很，很能反映人對自己的看法。如果我們認為把神跟人一視同仁是褻瀆，則人把自己看成了什麼呢？

真的，看成了什麼？

然而，你真的是「我們這些傢伙」。這正是你在這裡所說的，瓊對了。

她當然對。對極了。

我要再回到我的問題。關於我們所認為的「生命開始」，你能告訴我們一些實情嗎？靈魂究竟什麼時候進入肉體？

靈魂並不是「進入肉體」。肉體是被靈魂所包著。記得我原先說過的嗎？肉體不是靈魂的居室；靈魂反而是肉體的居室。

一切都永遠是活的，沒有「死」這麼個東西，沒有這麼一種狀態。

那永活者只是把自己形成新的形象——新的物質體。而此物質體永遠都存有活生生的能量，生命的能量。

我是能量；如果你們稱此能量為生命，則生命永在。它從未不在。生命無終，因此，怎麼可能有一個開始之點？

哦，好啦！別這樣說。你知道我想知道的是什麼。

我當然知道，你想叫我參與墮胎之爭。

對，一點也沒錯！我的意思就是這樣。既然神在這裡，我就要問個有分量的問題。生命什麼時候開始？

答案也是很有分量的，只怕你們聽不進去。

試試看。

從沒有開始。生命從沒有「開始」，因為生命從沒有終止。你們想要叫我掉進生物科技的圈圈，好讓你們假借「神的法則」來建立起一套「規章」，違反者受罰。

那有什麼錯？這可以讓我們把產科醫生槍殺在診所停車場而自感無罪！

沒錯，我懂。世世代代你們都在利用我和你們所謂的我的法則，來做種種行為的藉口。

哦，算了！你為什麼不乾脆說墮胎是謀殺！

你們誰也殺不了，什麼也殺不了。

但是，你可以把它「個體化」的部分結束！在我們的用詞中，這就是殺。

我個體化的某部分以某種方式表現它自己，這個歷程如果不經過這部分的我同意，你們是不可能加以改變的。

什麼？你說什麼？

我說，沒有任何事情是違背神的意志而發生的。

生命，以及一切發生的事，都是神的意志——注意，也就是你們的意志——之表現。

我在本對話中已經一說再說：你們的意願（意志）就是我的意願（意志）。因為我們只有一個。

生命，是神的意願之完美表現。假如有什麼事情是違背神的意願的，就不可能發生。從神是誰、是什麼的定義而言，那種事情就是不可能發生的。你以為某一個靈魂可以為另一個靈魂決定某件事嗎？你以為你們身為個體可以不得互相的同意，而相互影響嗎？這樣的想法是由於你們以為你們是互相分離的。

你以為你可以以神不要的方式去影響生命嗎？這樣的想法是由於你們以為自己與我是分離的。

兩種想法都錯了。

如果你們以為自己可以以宇宙不同意的方式影響宇宙，你們就太自大了。

你們所對待的是巨大的力量，而你們有些人以為你們自己比這巨大的力量還更大，並不。但你們也不比那巨大力量更小。

你們就是那最巨大的力量。不多，也不少。所以，讓那力量與你們同在吧！（譯注：此句在電影《星際大戰》中常用而變流行了。）

你是在說，我不可能不經過被殺者的同意而殺他？你是在說，在某個高層次上，凡是被殺的都同意被殺？

你是在以世俗的眼光看事情，以世俗的觀念想事情，所以那些話對你都是不可思議的。

我無法不用「世俗的眼光」！我身在此世，此時此地，是在俗世！在地球上！

我告訴你：你「身在此世，但不屬此世」。

所以我世間的事實根本不是事實。

你真的以為它是？

我不知道。

你從沒想過「這裡有更大的事在進行」？

當然想過。

這就是正在進行的事，我正在向你解釋。

好吧。我懂了。所以我猜我可以現在走出門去，見了人就殺。因為如果他們不同意，我就不可能殺他們！

事實上，人類一直都在這麼做。有趣的是，你們竟然覺得那麼難以接受——可是又把它視為理所當然的在做。

更糟的是，你們違背人的意願殺他們，好像那無所謂似的！

當然有所謂！只不過我們所想要的東西更有所謂。你明白嗎？當人在殺人的時候，我們並不是說那無所謂。因為，那太輕率了。我們是為了更有所謂才殺人。

我明白了。所以，違背人的意願殺他們，你們可以接受。你們覺得殺而無罪，因為你們覺得他們的意願不對。

我絕沒有這樣說。這也不是人類的想法。

不是嗎？讓我告訴你有些人是多麼虛偽。你們說，只要你們有充分的、言之成理的理由，就可以違背他人的意願殺他——比如在戰場、在刑場，或在為人墮胎的婦產科診所停車場。然而，如果有人有充分言之成理的理由，想自己死掉，你們就不會幫助他們死。那會是「助人自殺」，那是不對的！

你是在嘲笑我。

不對。是你們在嘲笑我。你們說，你們違背某人的意願而殺他，可以獲得我的寬恕；而依照某人的意願殺他，卻會受我詛咒。

這是瘋狂。

可是，你們卻不僅看不出這種瘋狂，卻說那指出這種瘋狂的人是瘋狂。你們自以為正直，而那些指出的人，卻是麻煩的製造者。

這就是你們歪七扭八的邏輯，而你們整個的生活、整個的神學都建立在這上面。

我從來沒有完全這樣認為。

我告訴你們：你們以新的態度看待事物的時候將到。這將是你們重生的時候；個人重生，社會重生。現在，你們必須重新創造你們的世界，不然你們的瘋狂將把它毀滅。

現在，請用心諦聽：

我們全是一個。

我們只有一個。

你們跟我是不分的。你們各自是不分的。

一切我們所做的，我們都協同在做。我們的實相是共同創造出來的實相。如果你們墮胎，就是我們墮胎。你們的意志，就是我的意志。

神的任何個體層面都無權左右神的任何其他個體層面。一個靈魂不可能違背另一個靈魂的意願而對它有所影響。沒有犧牲者，也沒有惡徒。

從你們有限的視角，你們不可能理解這個；但我告訴你們，事實如此。

去是、去做、去有任何事物，只有一個唯一的原因：就是直接表明你們是誰，如果你們——不論就個人而言，還是就群體而言——所是的就是你們想要是的，是你們選擇是的，就無需改變。但如果你們認為還有更恢宏的經驗等著你們——比目前所表現的樣子更能表現神性——就向那真理前進。

由於我們是共同創造者，所以向他人顯示我們的某些部分所希望走的道路，是符合我們的目的的。你可以成為道的顯示者，呈現你喜歡創造的生活，並邀請別人選取你的榜樣。你甚至可以說：「我是生命與道路，請跟隨我。」但要小心。有些人就曾因為這樣說而被釘上十字架。

謝謝你，我會謹守這警告，我會擺低姿勢。

我可以看出你這方面做得不錯。

嗯，當你說你在跟神對話時，擺低姿勢並不容易。

有人已經發現了。

所以我最好閉嘴。

遲了。

好啊！那錯歸誰呢？

我知道你是什麼意思。

沒問題。我原諒你。

真的？

真的。

你怎麼可以原諒我？

因為我能了解你為什麼這樣做。我了解你為什麼來找我，開始這番對話。當我了解一件事為什麼發生時，枝枝節節的麻煩，我都可以原諒的。

嗯，這有趣了。如果你能認為神像你一樣寬宏大量，多好啊！

答對了。

你跟我的關係非凡。有時候你認為你無法像我一樣寬宏大量，有時候你又認為我無法像你一樣寬宏大量。

你不覺得這很有趣嗎？

好玩得很。

那是因為你認為我們是分別的。如果你認為我們是一個，你的那些想像就會消失。

這是你們文化跟宇宙中高度演化的文化之主要不同。你們的文化還真的是「嬰兒」文化，原始文化。高度演化的文化與你們最重要的不同，在於所有有情眾生都清楚在他們自己和你們所謂的「神」之間沒有分別。

他們也清楚他們彼此間沒有分別。他們知道他們各自對整個有個別的經驗。

啊，好得很。你終於要講宇宙中高度演化的社會了，我一直在等。

沒錯，我想是可以探討這個主題的時候了。

但我必須最後一次重提墮胎。你是說，由於沒有任何事情可以違背人的靈魂意願而發生在它身上，所以殺人就沒有什麼關係？你是不是在寬恕墮胎？或者是對這個問題給我們一條「出路」？

我既不寬恕，也不詛咒墮胎，正如我既不寬恕，也不詛咒戰爭。

每個國家的人都認為，我寬恕他們在打的戰爭，而詛咒他們對方所打的戰爭。每個主張都把神拉到它那一邊。其實，每個人也都覺得神站在他那一邊——至少，在做任何決定或選擇時，都希望神是贊成的。

你知道為什麼每個造物都相信神站在他那一邊嗎？因為我真的是這樣。所有的造物都直覺知道此事。

這只是用不同的方式在說：「你對你自己的心願，就是我對你的心願。」也是另一種方式在說：我將自由意志給與你們每個人。

如果以某種方式展開自由意志會招致懲罰，就沒有自由意志；這會是對自由意志的嘲弄，使它成為冒牌貨。

所以，不論是墮胎或戰爭，是買汽車或結婚，有性關係或無性關係，「盡義務」或不「盡義務」，都沒有所謂對錯。在這些事情上我沒有偏好。

你們人人都處在界定自己的歷程中。每一個行為都在為自己下定義。

如果對自己如何創造自己感到高興（有樂趣），如果這種方式對你們有用，那就繼續。如果不如此，那就停止。這稱為演化。

這歷程很慢，因為在你們演化時，對什麼方式於你們真正有用，你們常常改變主意：關於什麼是「樂趣」，你們的概念也常常改變。

記住我原先說過的話：一個生命或一個社會以什麼為「樂趣」，可以看出其演化的程度。

如果墮胎對你們有用，那就墮胎。在你們演化的過程中唯一改變的是「有用」的觀念。而這又以你們認為自己想做什麼為基礎。

如果你們想去南方，車頭卻向北，那對你們就沒用。開向北方並非「道德上有錯」，而只是不符合你們的目標。

因此，你們想做什麼才是最重要的問題。不僅整個生活說來如此，而且時時刻刻如此，甚至更重要。因為生活是時時刻刻創造出來的。

所有這些都在我們的神聖對話的前部——你們稱為第一部——做過詳細的說明。我在這裡之所以複述，是因為你似乎需要提醒，不然你不會問我關於墮胎的事。

因此，當你準備墮胎，當你準備抽菸，當你準備烹食動物，當你準備在路上突然超某人的車——不論是大事小事，唯一當問的問題是：這真的是我嗎？這是我現在選擇要做的人嗎？

要了解：沒有任何事是沒有後果的。什麼事情都有後果。後果就是你是誰，你是什麼。

你現在就在界定你自己。

墮胎的問題，答案在此。戰爭的問題，答案在此。抽菸，吃肉，以及你的每一思、每一言、每一行的問題，答案都在此。

每一個行為都是自我定義的行為。你的一切所思、所言、所行，都在宣布「這就是我」！

15 你們正在創造神

我最親愛的孩子們，我要告訴你們，這件你們是誰、你們選擇自己是誰的事，是至關重要的事。不僅因它界定了你們經驗的色調，也因它創造了我的本性。

你們一輩子都聽人說神創造了你們。現在，我告訴你們：你們正在創造神。

我知道，這跟你們原先的想法正好顛倒。因此你們必須重組你們的領會。但是，如果你們想去做你們投生為人的真正工作，這重組就在所必須。

這是我們——你們與我——正在做的神聖工作。是我們走在上面的聖地。

這就是那道路。

時時刻刻，神在你們之內，以你們之身，並透過你們表現他自己。你們永遠都在選擇此時此刻如何將神創造，而她則永遠不會剝奪你們的選擇權，也永遠不會因為你們選擇「錯」了而懲罰你們。然而，在這些事情上，你們並非沒有指引，也永遠不會沒有。你們內在設有指引系統，向你們指明回家的路。這聲音一直告訴你最高的選擇是什麼，將你最恢宏的意象置於你的眼前。你所需要做的只是諦聽這聲音，不拋棄這意象。

在你們整個的歷史中，我一直派遣老師給你們。每一天每一刻，我都派遣使者為你們帶來盛大的喜訊。

神聖的經典曾寫出來過，神聖的生活由人實踐過，以便你們得以認知這一個真理：你們與我是一個。

現在，我再把經典送給你們——就是你執在手上的這一部。現在，我再派使者給你們，為將神的言詞（the word of God，神的道）帶給你們。

你們會聽這言詞嗎?你們會聽這些使者的話嗎?你們會成為使者嗎?

這是那「大哉問」。這是那至尊的邀請。這是那最輝煌奪目的決定。整個世界都在等待你們的聲明。而你們則要用你們的生活來聲明：以身行道。

除非你自己把自己提升到你最高的理念之處，否則人類就沒有機會脫離它最低的意念。那最高的理念透過你，以你的身表達出來，便創造了模型，建立了舞台，成為了榜樣，好讓人類的經驗走向更高一個層次。

你是生命與道路。世界將跟隨你。這件事由不得你選擇。這是唯一你不能有自由選擇的事。它就是那樣。你對你自己的理念如何，世界將跟隨。一向如此，永遠如此。你對你自己的意念在先，外在世界的物象表現隨之。

你想什麼就創造什麼。你創造什麼，你就成為什麼。你成為什麼，你就表現什麼。你表現什麼，你就經驗什麼。你經驗什麼，你就是什麼。你是什麼，你就想什麼。

循環於是完成。

你所從事的神聖工作才剛開始。因為，現在你終於了解你在做什麼。

是你自己使自己知道了這個，是你自己使自己關心這個。而你現在真的比以前更關心你真正是誰了。因為，現在你終於看到了整個畫面。

你是——我。

你在定義神。

我將你——我至福的一部分——送入軀體中，以便我可以由經驗認識我自己，而這一切，本是我由概念已全然認識的。生命是工具，使神得以將概念轉化為經驗。生命也是你的工具，可以讓你做同樣的事。因為你是神，做著這件事。

我選擇每一分鐘重新創造我自己。我選擇去體驗關於我是誰所曾有過的最偉大意象之最恢宏版本。我創造了你，以便你可以再創造我。這是我們的神聖工作，這是我們最大的喜悅，這是我們存在的真正理由。

NOTES

・罪惡感和恐懼是人唯一的敵人。

沒有所謂的「錯」，只有它合不合你用、是不是表彰了你是誰和你選擇你是誰。

NOTES

・去吧，去做你所真正愛做的！別的都不要做！你的時間這麼少。
你怎麼還能想到去浪費一分鐘做某些你不喜歡做的事來謀生呢……
那不是生活，那是垂死……去做些令你愉快的事吧——說明你是誰的事。

NOTES

・如果你所渴望的，就是你的靈魂所渴望的，則一切都將十分單純。如果你聆聽你純粹性靈部分的聲音，則你一切的決定都將容易，而所有的結果也將歡悅，這是因為性靈的決定永遠都是最高的選擇。

國家圖書館出版品預行編目資料

與神對話全集／尼爾・唐納・沃許（Neale Donald Walsch）著；王季慶、孟祥森 譯. -- 初版. -- 臺北市：方智，2012.3
1120面；14.8×20.8公分 --（新時代；151）
譯自：The Complete Conversations with God
ISBN：978-986-175-260-0（全套：隨身典藏版）

1. 超心理學 2. 神

175.9 101001033

The Eurasian Publishing Group
圓神出版事業機構
用心與你對話・視野無限寬廣
方智出版社
Fine Press

http://www.booklife.com.tw inquiries@mail.eurasian.com.tw

新時代 151

與神對話Ⅲ（中）

作 者／尼爾・唐納・沃許（Neale Donald Walsch）
譯 者／孟祥森
發 行 人／簡志忠
出 版 者／方智出版社股份有限公司
地 址／台北市南京東路四段50號6樓之1
電 話／（02）2579-6600・2579-8800・2570-3939
傳 真／（02）2579-0338・2577-3220・2570-3636
郵撥帳號／13633081 方智出版社股份有限公司
總 編 輯／陳秋月
資深主編／賴良珠
責任編輯／張瑋珍
編輯協力／應佳燕
美術編輯／劉鳳剛
行銷企畫／吳幸芳・簡 琳
印務統籌／林永潔
監 印／高榮祥
校 對／賴良珠
排 版／陳采淇
經 銷 商／叩應股份有限公司
法律顧問／圓神出版事業機構法律顧問 蕭雄淋律師
印 刷／祥峯印刷廠
2012年3月 初版
2024年8月 24刷
The Complete Conversations With God

特價：999元（定價：~~1400~~元） ISBN 978-986-175-260-0